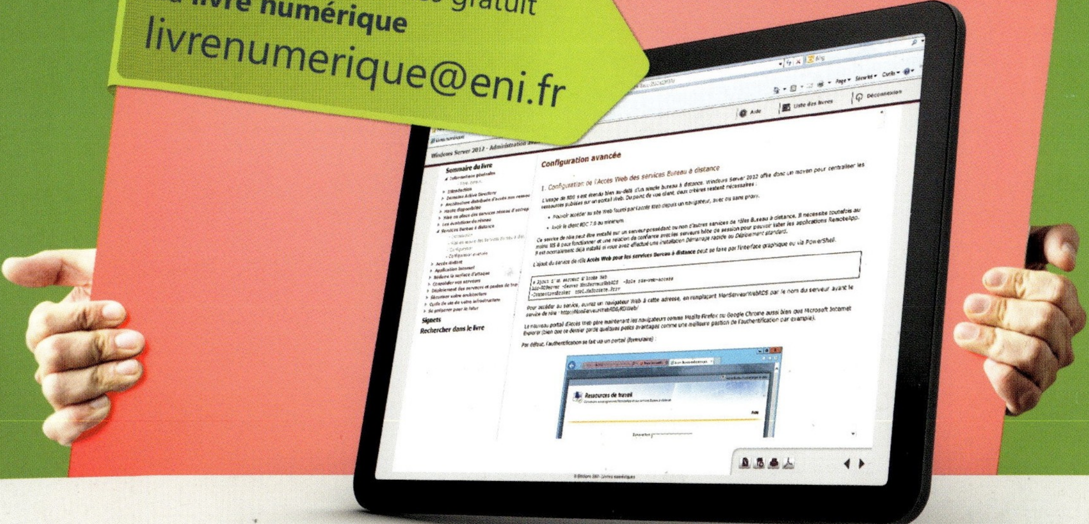

Marketing BOOK

UX Mobile

Les clés de la conception,
du contenu et du design mobile

ISBN : 978-2-409-00089-8
Imprimé en France

Editions ENI

ZAC du Moulin Neuf
Rue Benjamin Franklin
44800 St HERBLAIN
Tél. 02.51.80.15.15
Fax 02.51.80.15.16

e-mail : editions@ediENI.com
http://www.editions-eni.com

Auteur : Audrey CHATEL
Collection **Marketing Book** dirigée par Corinne HERVO

Avant-propos

Chapitre 1
Qu'est-ce que l'expérience utilisateur ?

Chapitre 2
Pour un focus sur le Mobile ?

Chapitre 3
La phase Découverte

Chapitre 4
Conceptualisation des idées : l'idéation

Chapitre 5
La conception mobile

Avant-propos

A. Préface

Il a fallu moins de 10 ans, depuis la sortie du premier iPhone, pour que le smartphone devienne l'interface digitale préférée des consommateurs. Les appareils mobiles se sont immiscés dans toutes nos activités quotidiennes et transforment radicalement notre façon de vivre.

Côté entreprises, le défi est immense et se contenter d'adapter son site Internet à la consultation via mobile et tablette ne suffit pas : pour survivre et saisir toutes les opportunités de croissance permises par le mobile, il faut penser d'abord « Contexte » et bien analyser les attentes des utilisateurs mobiles.

Cela paraît évident aujourd'hui... Mais franchement, il y a 10 ans encore, qui se souciait vraiment d'expérience utilisateur à part les «experts en ergonomie » qui peinaient à faire entendre leur voix au sein de leur entreprise ? Mon avis est que c'est l'irruption des smartphones et, en particulier celui de l'iPhone, qui a forcé les entreprises à penser pour la première fois Utilisateur et UX. Le phénomène du Mobile First a ce mérite de nous pousser à analyser les vrais besoins de l'utilisateur dans différents contextes, à éliminer les fioritures et à favoriser la simplicité et la fluidité de l'expérience.

Dans ce contexte, vous trouverez dans la lecture du livre d'Audrey Chatel toutes les clés pour comprendre à la fois la révolution du mobile et celle de l'expérience utilisateur. Que vous soyez cadre au sein du département IT ou Marketing de votre entreprise, ou futur patron de votre start-up, ce livre vous apportera de solides conseils méthodologiques pour lancer votre projet mobile. Il rassemble également nombre d'exemples concrets de sites et applications conçus par des entreprises qui ont su prendre le virage du Mobile First.

Bonne lecture à tous !

Christophe LEON
Fondateur et Directeur Général de Pure Agency
Agence spécialiste en UX et Marketing Mobile First

B. Remerciements

Écrire un livre est avant tout une aventure, la mienne commença lors de mon MBA Marketing & Commerce sur Internet au pôle Léonard de Vinci, où j'ai eu la chance de rencontrer Thierry Pires, auteur du livre Marketing mobile et ancien du réseau MBA. C'est son parcours et sa réussite qui m'ont inspirée pour écrire ce livre. Merci à lui de m'avoir guider pour que ce projet prenne vie.

Pour créer un livre, il est tout aussi important d'écouter qu'écrire, merci à mon préfacier Christophe Léon, qui m'a apporté de précieux conseils pour affiner le contenu de ce livre.

Merci à tous les professionnels que j'ai pu côtoyer et qui ont partagé leurs connaissances pour nourrir de nombreuses idées. Notamment Antoine Visonneau et Romain Landsberg qui ont su me transmettre leur vision de l'expérience utilisateur ; Frédéric Coudrier qui a rendu l'agilité Scrum limpide à mes yeux et Pauline Catelin pour toutes ces bonnes idées.

Merci à mon éditrice Corinne Hervo de m'avoir fait confiance, à toute l'équipe des Éditions ENI et particulièrement Delphine Boidron et Émilie Villetorte pour leur aide précieuse dans cette phase périlleuse que l'on nomme écriture.

Bien sûr, rien de tout ceci n'aurait été possible sans le soutien inconditionnel de mon mari Arnault. Alors merci à lui de m'avoir encouragée et d'avoir cru en moi, dans les moments difficiles entre mon travail, mes déplacements et notre fils de six ans.

Chapitre 1

Qu'est-ce que l'expérience utilisateur ?

A. Origine de l'expérience utilisateur

Le terme d'expérience utilisateur est nouveau en France. Il nous vient directement des pays anglo-saxons qui ont défini et diffusé les principes et la méthodologie de ce qu'ils ont appelé « user experience ». L'inventeur de ce terme est Donald Norman (ex-vice-président technologique du groupe Apple). Dans la version révisée de son livre *The Design of everyday things* (Revised & Expanded Edition "The Design of everyday things" par Don Norman, 2013), il évoque que son groupe de travail était nommé « The user expérience Architect's Office » au début des années 90. Il a inventé ensuite le terme expérience utilisateur car il pensait que l'interaction homme-machine et l'usabilité étaient trop restrictives pour couvrir tous les aspects de l'expérience entre la personne et le système, incluant ainsi le design, l'interface, les interactions physiques et le manuel.

Une norme a été créée à ce propos en 1992 et maintes fois révisée pour en arriver à celle de 2010, à savoir la norme ISO 9241-210 (http://bit.ly/UXMobileISO), **Ergonomie de l'interaction homme** : conception centrée sur l'opérateur humain pour les systèmes interactifs. Celle-ci correspond *« aux réponses et aux perceptions d'une personne qui résultent de l'usage ou de l'anticipation de l'usage d'un produit, d'un service ou d'un système »*.

B. Définition de l'expérience utilisateur

Pour comprendre le principe de l'expérience utilisateur, il faut également comprendre ce que l'on entend par expérience. Stéphane Vial, dans son ouvrage *Court traité du design*, la définit ainsi : *« C'est un design qui se vit, qui s'éprouve, s'expérimente. L'utilisateur en ressent immédiatement l'effet parce que son expérience s'en trouve instantanément transformée, améliorée, augmentée. »*. Quant à Sylvie Daumal, dans son ouvrage *Design d'expérience utilisateur*, elle la présente ainsi : *« C'est la perception et le ressenti d'un individu qui utilise un système dans le contexte d'une interaction humaine-machine »*. Dans ces deux définitions, nous comprenons que l'expérience est un processus psychologique, qu'elle est propre à chaque individu et forcément subjective. Nous n'éprouvons pas le même ressenti face aux évènements, aux émotions.

Ce qui peut sembler aisé pour l'un peut être extrêmement complexe pour l'autre. Ainsi, le contenu (textuel ou visuel), le design de l'interface, la manipulation du système (au doigt, à la voix, à l'espace) ne sont évidemment pas compris, ressentis ni maîtrisés de la même façon. L'expérience n'est pas figée dans le temps, elle se transforme. L'utilisation pour la première fois d'une application n'est pas la même qu'au fil de centaines d'utilisations et n'est en rien comparable. Lors d'une première utilisation, un écran de chargement un peu long au démarrage peut être acceptable, car le besoin de découvrir l'application est plus fort et permet de dépasser ce sentiment de frustration. Mais qu'en est-t-il au dixième lancement ? Et au centième lancement ? Il paraît évident que la frustration l'emportera sur le reste.

L'expérience dépend également du contexte d'utilisation, nous n'avons pas la même attention lorsque nous utilisons notre smartphone en Wi-Fi dans le canapé que lorsque nous en usons de façon parcellée dans les transports en commun avec une connexion 3G.

L'expérience est aussi en fonction de nos émotions, de notre humeur.

L'expérience utilisateur pourrait être schématisée de la façon suivante :

- L'axe majeur des objectifs : les buts et motivations, ce que le service doit ultimement satisfaire.
- Le contexte d'utilisation : les activités (quoi, avec quoi) à accomplir pour atteindre les objectifs, les usages (comment, avec qui), les moments (quand), le lieu (où).
- Les réactions engendrées par les objectifs et le contexte : besoins, envies, émotions et attitudes.

L'expérience utilisateur n'est jamais la somme d'une série de perceptions, c'est plus complexe que cela. Nous mémorisons nos expériences afin de constituer un ensemble de souvenirs et ceci représentera une expérience utilisateur globale, évoluant en fonction du temps. Essayez de vous souvenir d'un événement en particulier, datant de cinq ans au minimum. Il peut s'agir d'un mariage, d'une réunion de famille, de vacances... Quand vous pensez à cet événement, vous le visualisez certainement tel un clip vidéo. Parce que notre façon de nous souvenir est basée sur cette visualisation, nous avons tendance à penser que ces souvenirs sont stockés comme un film archivé. Mais ce n'est pas le cas. Les souvenirs sont effectivement reconstruits chaque fois que nous pensons à eux. En fonction des évènements que vous avez vécus entre-temps, vos souvenirs vont être impactés. Une dispute de famille vous fera vous rappeler d'eux comme un événement passé, froid et distant même si ce n'était pas le cas. Ceci a notamment été prouvé dans les travaux d'Elizabeth Loftus en 1974 (Elizabeth F. Loftus est une psychologue américaine reconnue mondialement pour ses travaux sur la connaissance de la mémoire humaine et sur les faux souvenirs).

En ce sens, les tests utilisateurs nous permettent d'avoir une vision plus précise des impressions gardées par l'utilisateur et nous réservent souvent des surprises. Malgré des difficultés (par exemple à créer un profil), il n'est pas rare de voir un utilisateur faire un retour positif sur une application. Le souvenir de son expérience globale pourrait être très positif et différent de ce qu'un observateur pourrait constater.

Notre travail consiste donc à concevoir des solutions interactives en nous concentrant sur l'expérience globale que le produit propose dans le parcours de l'utilisateur et le souvenir qu'elle laisse.

C. Principes de l'expérience utilisateur

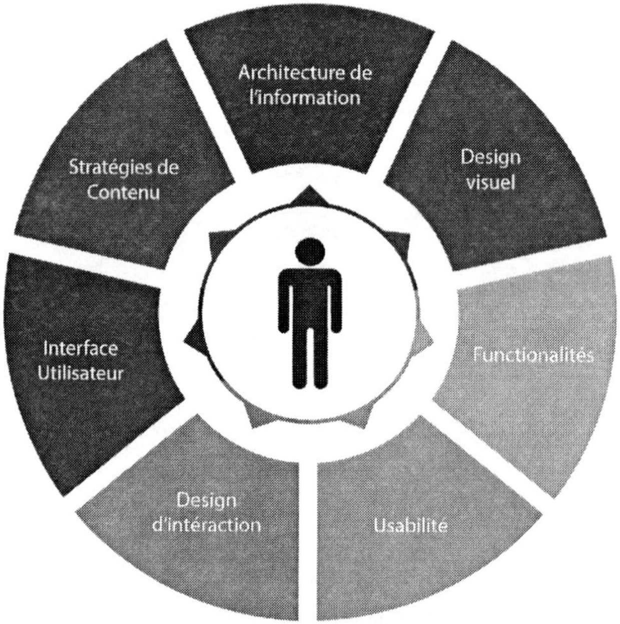

La démarche de conception d'expérience utilisateur n'est pas totalement concentrée sur l'utilisateur. L'utilisateur est le point central d'attention mais l'UX (l'expérience utilisateur, en anglais « user experience », souvent abrégée en UX) est constituée d'un vaste ensemble d'éléments et de connaissances qui peuvent être le contenu, le visuel, la typographie, les fonctionnalités, l'architecture de l'information mais aussi les temps de réponse (élément très important pour le mobile). Il existe une multitude de paramètres car l'expérience est subjective.

Trois éléments centraux d'études se distinguent, schématisés notamment par Peter Morville (Fondateur de Semantic Studios, une agence spécialisée en expérience utilisateur). Chaque élément doit être considéré à part égale dans le processus.

- **L'utilisateur** : jusque là rien de plus normal : il s'agit de prendre en compte ses attentes, ses comportements, ses particularités, ses points d'impatience, son contexte d'utilisation, c'est-à-dire tout ce qui va jouer sur son expérience.
- **Le contenu** : ici, il ne s'agit pas uniquement de contenu marketing mais de l'information au sens large qui recouvre tous les médias (textes, images, sons, vidéos, données, fichiers...).
- **Le contexte** : cela concerne les objectifs du projet, la charte graphique de la marque, le sponsor du projet et les équipes.

La plupart des projets ont comme axe central le contenu et en gèrent une quantité non négligeable. Dans ce cas, le modèle ci-dessus fonctionne toujours. Néanmoins, dans le cadre de projets dont le contenu n'est pas significatif, il est plus compliqué de définir une bonne méthode pour appréhender la conception centrée utilisateur.

D. Le processus de l'UX : quatre phases successives

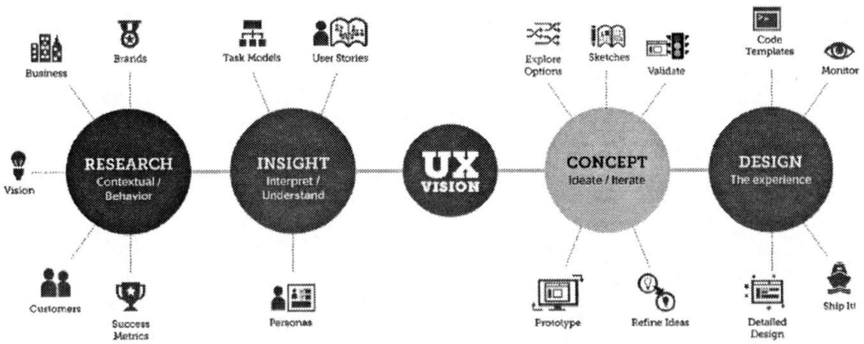

Image issue du livre Killer UX Design par Jodie Moule (SitePoint, 2012)

La démarche de conception centrée utilisateur consiste à mettre en place un processus itératif comprenant habituellement quatre phases. Ce sont les professionnels et les organismes, comme le Design Council (association pour promouvoir le design), qui ont formalisé de façon claire et simple le processus d'expérience utilisateur. Le schéma de Damien Newman (Damien Newman est le principal fondateur de Central, agence de conseil en design) ci-après, laisse à penser que l'UX est faite d'anarchie et de chaos mais c'est pourtant une démarche cadrée.

L'expérience utilisateur est avant tout une foule de recherches, un brin d'imagination et de nombreux prototypes et tests. C'est pour cela que cette démarche ne répond pas à un plan strict.

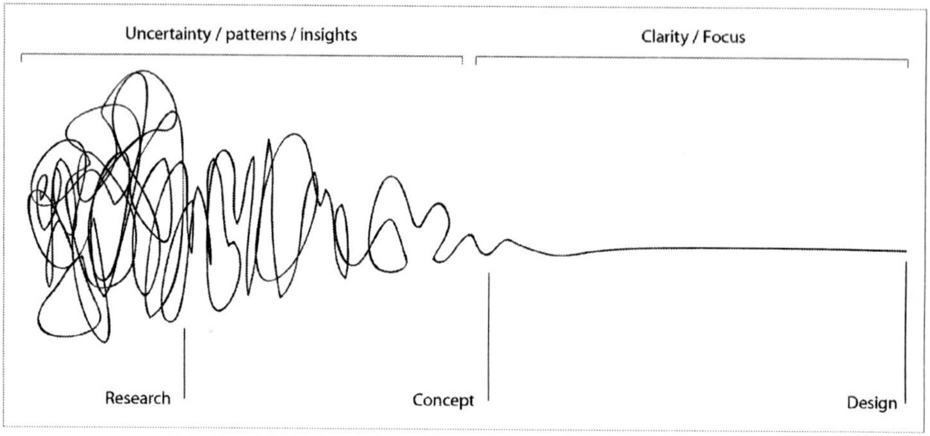

The Process of Design from a great height (http://bit.ly/UXMobileProcess) par Damien Newman

La phase de découverte : cette première étape vise à préciser les attentes et les besoins des utilisateurs finaux, à définir la stratégie à mettre en place et à faire l'inventaire du contenu. Elle permet de collecter toutes les informations utiles pour établir la vision d'ensemble du projet et identifier les problèmes à résoudre. Les méthodes d'observation peuvent comprendre l'utilisation de questionnaires, de benchmark, des interviews, des focus group, l'analyse des indicateurs clés de performance de votre société...

La phase d'interprétation : à l'issue de la phase de découverte, il convient d'interpréter les résultats et donc de fixer un périmètre au projet. Cela s'appelle également **séance d'idéation** qui concerne tous les éléments du projet. C'est dans cette phase que les observations des utilisateurs seront traduites en personas, que les parcours clients seront posés. L'information disponible sera structurée et catégorisée.

La phase de conception : sur la base des éléments recueillis dans la phase d'interprétation, une première **maquette**, ou **prototype du produit**, est conçue. Cette maquette résulte d'une part de l'analyse de la tâche des utilisateurs et des spécificités du contexte de travail et, d'autre part, des principes et recommandations ergonomiques. Elle peut reposer également sur des standards de conception. Cette première maquette évoluera ensuite en fonction des retours des tests utilisateurs. Chaque itération permet d'enrichir et de finaliser la maquette.

La phase de réalisation : l'expérience montre que deux à trois itérations suffisent en général pour finaliser la conception de l'interface. Cette phase correspond au design graphique ainsi qu'au travail de développement pour aboutir à la livraison finale.

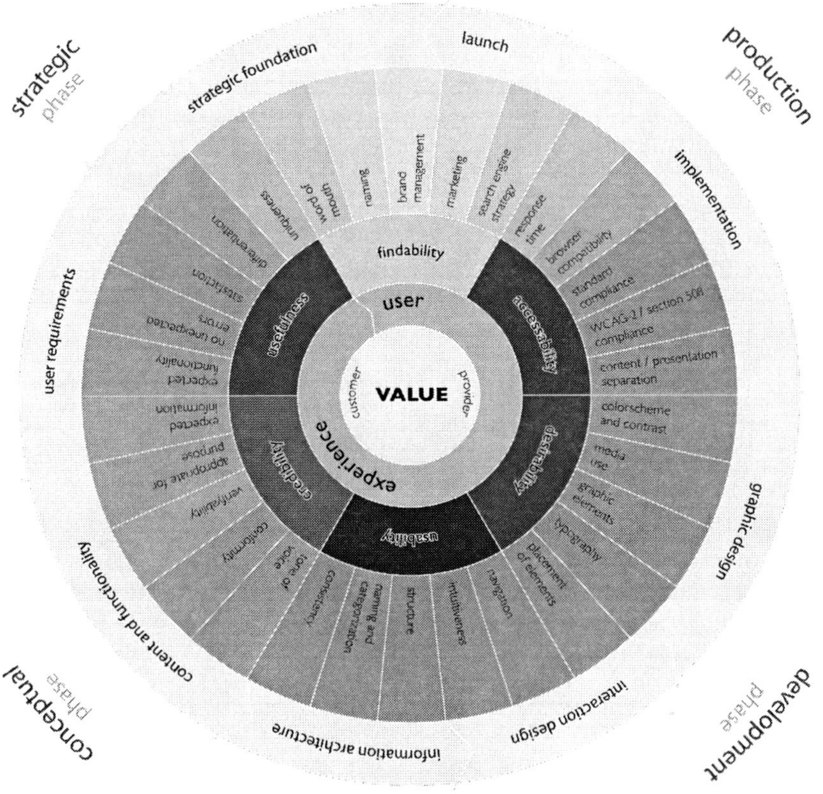

Illustration de Magnus Revang - Directeur de recherche chez Gartner

E. L'impact de l'expérience utilisateur

En 2013, Econsultancy a réalisé l'étude User Experience Survey (http://bit.ly/UX-MobileEconsultancy) auprès de 1 400 dirigeants d'entreprises travaillant chez l'annonceur, en agence, ou spécialistes de l'expérience utilisateur. 74 % des répondants ont exprimé que l'amélioration de l'expérience utilisateur est fondamentale pour augmenter les ventes et le taux de conversion. Autour de 72 % étaient convaincus que cette méthode augmente la satisfaction des clients et 44 % y voyaient un avantage sur le plan de la fidélité des clients. Cette étude s'est penchée sur les approches adoptées par les entreprises et organismes, ainsi que sur les défis et les obstacles auxquels ils sont confrontés.

Malgré ce bilan optimiste, peu de dirigeants d'entreprises semblent convaincus que l'expérience utilisateur a pour effet de réduire les coûts d'acquisition (+ ou – 16 %) et les coûts de développement de projet (de 9 % à 12 %).

Pourtant, la plupart des dirigeants ont pris conscience de l'enjeu de l'expérience utilisateur, c'est d'ailleurs l'opportunité la plus intéressante en 2015 pour les professionnels du marketing (http://bit.ly/UXMobileMarketing) devant le marketing mobile et le marketing de contenu. Ils peinent cependant à effectuer les investissements nécessaires. Pour aider les dirigeants d'entreprise à comprendre l'influence globale de l'expérience utilisateur, le cabinet Watermark Consulting a cherché à élever le débat en réalisant une étude (http://bit.ly/UXMobileWatermark) de l'impact de l'expérience utilisateur. Le but est de les amener à se concentrer non pas sur le retour sur investissement de l'expérience utilisateur qui peut effectivement être calculé de façon assez précise sur des actions définies (refonte d'application, A/B test de pages (évaluation des performances respectives d'une ou plusieurs versions), passage au responsive design...), mais sur l'impact d'une réelle stratégie centrée sur l'expérience utilisateur.

Pour ce faire le cabinet a étudié les rendements des actions cumulatives pour deux portefeuilles types comprenant les dix premiers (Leaders) et les dix derniers (Laggards) du Customer Experience Index de Forrester (http://bit.ly/UXMobileCXIndex). Le schéma représente l'analyse qui couvre huit années de performance.

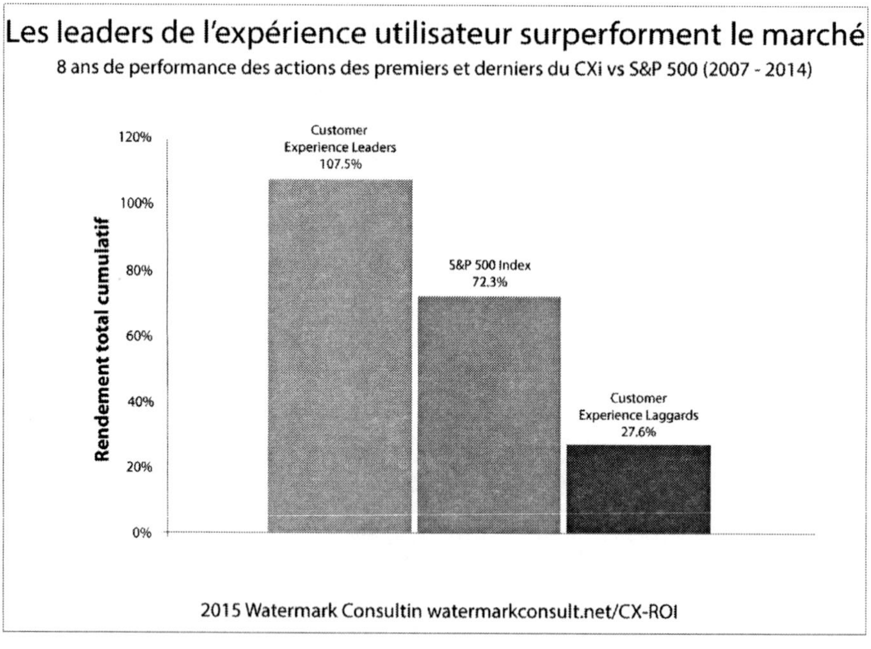

Source Watermark Consulting 2015

Le résultat est sans équivoque. Les entreprises ayant optimisé leur expérience utilisateur ont eu un rendement supérieur comparé à l'indice du S&P 500 (indice boursier basé sur 500 grandes sociétés cotées sur les bourses américaines) de plus de 35 points et les retardataires de l'expérience utilisateur affichent un rendement de 45 points inférieur à l'ensemble du marché. De quoi donner à réfléchir aux actionnaires.

F. Le métier UX designer

« Ergonome, c'est un métier ingrat, plus on travaille, plus c'est propre, moins ça se voit ! », Raphaël Yharrassarry, ergonome UX, psychologue.

Dans un marché de plus en plus concurrentiel, l'expérience utilisateur commence à s'intégrer dans la stratégie des entreprises comme un élément différenciant et créateur de valeurs. Ainsi, de nouveaux métiers viennent renforcer les équipes stratégiques et créatives déjà en place. Aux États-Unis, cette dynamique a pris de l'ampleur en quelques années : une étude de Qconnect montre que la demande des experts UX a augmenté de plus de 25 % entre 2010 et 2011 et de plus de 70 % entre 2011 et 2012.

Faire appel à ces nouveaux profils n'est pas simple et de nombreux intitulés ont émergé ces dernières années : UX designer, UI designer, architecte de l'information, ergonome, designer d'interaction, designer d'interfaces... Il est donc difficile de bien comprendre leurs rôles et leurs périmètres d'action. Les contours des différents profils de poste ne sont pas clairement définis : il n'est pas rare de trouver un architecte de l'information qui fasse de l'ergonomie ou un designer d'interaction qui fasse de l'expérience utilisateur.

Le métier d'**ergonome** est apparu pour la première fois au milieu du 19e siècle, mais n'a réellement pris de l'ampleur qu'un siècle plus tard et concernait principalement les problématiques d'Interface Homme-Machine (IHM) sur les machines outils. En effet, les industriels se sont rapidement rendu compte que les ouvriers travaillaient plus efficacement et surtout plus longtemps si leurs postes de travail étaient optimisés. Il s'agissait d'une optimisation essentiellement mécanique se basant sur la forme du corps et sur les gestes effectués par les utilisateurs pour éviter fatigue, tendinites et autres troubles musculo-squelettiques.

Cette démarche a également été appliquée au moment de l'apparition de l'informatique où la fatigue physique a été remplacée par la fatigue cognitive quand l'utilisateur devait manipuler un grand nombre d'informations via un écran. À l'époque, les logiciels étaient destinés à un usage particulier pour un public souvent expert et les parcours utilisateurs étaient largement dictés par les contraintes techniques. L'ergonome avait alors pour mission d'améliorer l'utilisabilité des interfaces, essentiellement dans un souci d'efficacité sans prendre en compte une quelconque notion marketing.

L'**architecte de l'information** est apparu au début du Web, au moment où les services en ligne n'étaient plus confinés à un groupe restreint d'utilisateurs, mais accessibles partout au fur et à mesure qu'Internet s'invitait dans les foyers de toute la planète.

Les équipes marketing du monde entier se sont alors penchées sur ce nouveau terrain d'expression et un cocktail subtil entre l'ergonomie logicielle et la vision print de la mise en page s'est mis en place. L'objectif de l'architecte de l'information était alors de concevoir ces nouvelles interfaces en pensant parcours, simplicité d'utilisation et, bien sûr, taux de transformation. C'est l'époque des premiers « gourous » de la conception d'interface à l'instar de Steve Krug avec son ouvrage au titre évocateur *Don't make me think*.

Puis, l'avènement du mobile a fait naître une nouvelle discipline : le **design d'interaction**. En effet, la taille restreinte des écrans et l'utilisation tactile (absence de rollover) sont des éléments contraignants qui obligent les experts à faire évoluer leurs techniques de conception d'interface, en s'appuyant sur l'interactivité des zones d'action, comme par exemple le zoom sur une carte routière avec deux doigts.

En parallèle, de nouveaux termes sont venus des États-Unis à la fin des années 2000 : UI designer (*User Interface*) et UX designer (*User Experience*). Cette distinction permet de bien séparer la conception du produit (UI) de la conception de l'expérience (UX). L'**UI designer** est en charge de la conception générale de l'interface, de la clarté de la navigation jusqu'à la qualité des contenus, en passant par l'optimisation des parcours. L'**UX designer** a une fonction plus stratégique et a pour but d'injecter du storytelling dans une expérience d'utilisation afin de faire naître une émotion chez l'utilisateur.

Ergonome, architecte de l'information, designer... La différence entre ces disciplines est subtile, car elles sont l'évolution dans le temps d'une même volonté, à savoir rendre l'utilisation d'une interface digitale simple et pratique. Le curseur d'ajustement se situe entre efficacité et émotion. Par exemple, l'ergonome se concentrera plus sur l'efficacité, l'UX designer sur l'émotion.

Alors, comment choisir ? En fonction de votre projet, choisissez un professionnel avec une expérience adaptée. Pour un site e-commerce, un service mobile ou un site corporate, les réflexions et les méthodes sur la conception d'interface ne sont pas les mêmes et ne répondent pas aux mêmes standards. Mais une chose est sûre, qu'il soit ergonome, architecte de l'information ou UI designer, un expert des interfaces est un atout incontournable pour la réussite de votre projet mobile.

G. Les agences d'UX Design en France

L'expertise UX étant particulièrement demandée, la plupart des agences digitales se sont dotées d'un pôle Expérience Utilisateur. Néanmoins, des agences spécialisées ont également vu le jour, certaines proposent de placer leurs ressources au sein même des équipes de l'entreprise afin d'éviter le cloisonnement entreprise/agence. Elles permettent ainsi d'optimiser une méthodologie agile particulièrement efficace dans le développement de projets mobiles. Voici une liste non exhaustive des agences spécialisées dans ce domaine :

UX Republic

UX Republic est une agence constituée d'une équipe d'experts du Design, de la User Experience et du Développement Front. Pour cela elle fait appel à différents profils : UX Evangelist, spécialiste de l'ergonomie et de l'expérience utilisateur, UX Activist qui correspond au profil de directeur artistique mais avec une vision UX, UX Scientist, en charge du développement front office. Ces profils interviennent directement auprès des équipes métiers des entreprises, ce qui est essentiel dans la méthodologie UX.

Contact : 156 boulevard Haussmann 75008 PARIS - www.ux-republic.com

Napoleon Agency

Spécialiste de l'expérience en ergonomie d'interfaces digitales, le cœur de métier de l'agence est l'optimisation et la conception de sites e-commerce et sites de marques. Napoléon propose une approche centrée sur l'utilisateur, pour mieux répondre à ses attentes.

Contact : 1bis boulevard Richard Lenoir 75011 Paris - www.napoleonagency.com

Nealite

Fondée en 2005, Nealite est une agence de design de service et d'expérience utilisateur basée à Paris. Rachetée en 2015 par le groupe de Conseil PwC, forte d'un savoir-faire unique en design thinking, Nealite aide ses clients à imaginer des solutions qui répondent aux attentes des utilisateurs et à l'évolution des usages.

Contact : 10 rue du Faubourg Poissonnière 75010 Paris - www.nealite.fr

Fast and Fresh

Fast & Fresh est spécialisé dans les usages, innovation stratégique et expérience utilisateurs. « Nous vous aidons à comprendre vos consommateurs pour créer des sites web ». Elle aide ses clients à comprendre leurs utilisateurs, via des études scientifiques du comportement pour comprendre. De la stratégie UX pour performer.

Contact : 211 rue de Saint Maur 75010 Paris - www.fastandfresh.fr

Axance

Axance est composée de trois pôles travaillant de concert : Étude, Design et Accompagnement, ainsi que d'un département AMOA. L'agence est aussi co-fondatrice d'UXalliance, réseau international d'experts en UX. Elle permet aux acteurs du digital d'observer les utilisateurs en situation réelle, de comprendre les besoins de leurs clients, et d'imaginer les services digitaux de demain.

Contact : 23 Boulevard Poissonnière 75002 Paris - www.axance.fr/

Il existe également des agences spécialisées Mobile qui pourront vous accompagner sur l'ensemble de votre problématique mobile, si je devais n'en citer qu'une :

Pure Agency

Pure Agency est l'agence leader en stratégie, développement et marketing mobile. C'est une agence mobile 360°, ses domaines d'expertise privilégiés sont le M-Commerce et le Marketing mobile à la performance. Spécialiste en conception et design d'interfaces intégrant les opportunités et contraintes Mobile First.

Contact : 60 rue de Wattignies 75012 Paris - www.pureagency.com/

Chapitre 2
Pour un focus sur le Mobile ?

A. Introduction

Comme beaucoup, vous avez remarqué que l'homme a évolué. Désormais, son regard se porte constamment sur un petit écran lumineux. Que ce soit dans la rue en marchant, lors d'un dîner au restaurant, dans la vie personnelle comme dans la vie professionnelle, le mobile est partout. Une évolution darwinienne liée à l'environnement à ne pas en douter ! En moyenne, un utilisateur consulte son smartphone près de 150 fois par jour (propos de AT&T au MMA Forum in New York en mai 2013) pour regarder l'heure, vérifier ses e-mails, effectuer un achat, jouer à un jeu ou se rendre sur les réseaux sociaux. Nous sommes devenus dépendants de notre smartphone.

Ces derniers temps, des changements profonds se sont opérés un peu partout dans le monde : Uber a révolutionné l'univers des taxis, Airbnb l'univers hôtelier, Netflix l'univers de la vidéo à la demande.

Néanmoins, pendant de nombreuses années, la majorité des services web des entreprises ont déployé la présentation de leurs produits et de leurs offres avant tout pour les ordinateurs de bureau ou portables. Pour ces équipes, le mobile était secondaire ou parfois totalement mis de côté. Certaines entreprises et principalement des pure players du Web ont compris que le mobile allait devenir incontournable. Mais ce n'est pas le cas de beaucoup d'entreprises françaises. Malheureusement le mobile n'est pas toujours intégré de façon systématique et l'essor du « *Mobile First* » peine à devenir réalité. En étudiant les sites du CAC40 jugés « *Mobile-friendly* » par Google, Synodiance a analysé les critères permettant d'obtenir ce label bientôt privilégié dans les résultats sur mobile. Il apparaît qu'un tiers des sites web du CAC40 ne sont pas prêts pour la mise à jour du 21 avril 2014 « *Une proportion finalement élevée, sachant que notre étude a aussi pu découvrir qu'en moyenne, pour ces sites, la part de requêtes issues d'un smartphone est de 15 %, ce qui commence à être non négligeable. Et pour certains d'entre eux, l'enjeu est encore plus important, car une requête sur cinq, voire une sur quatre est réalisée sur un smartphone* », commente Yann Sauvageon, de Synodiance.

Au début de l'Internet mobile, il est vrai qu'aller sur le Web avec un téléphone portable était pénible. Les opérateurs contrôlaient l'accès au Web et la vitesse des réseaux rendait souvent toute navigation très fastidieuse. Mais le monde a changé : en 2007 est né le premier iPhone et, depuis, une vraie révolution est en marche. Le mobile a changé la façon dont nous communiquons mais il a aussi changé nos exigences : nous nous attendons à ce que les entreprises nous fournissent ce dont nous avons besoin, immédiatement, partout et selon notre contexte immédiat. C'est ce qui fait le succès d'Uber. Aujourd'hui, commander son taxi depuis un site Internet est facile, mais Uber est encore plus pratique : en lançant l'application, vous visualisez les taxis disponibles et à quelle distance ils se trouvent à l'instant où vous en demandez un. Quelques taps en plus et vous voici connecté à votre chauffeur.

Comme le disait Eric Schmidt, le président de Google, sur Bloomberg TV début 2014 « *Mobile has won* » (*Ask a Billionaire* : Eric Schmidt's 2014 Predictions).

Le mobile est omniprésent dans nos vies et l'expérience utilisateur est foncièrement différente de ce que nous vivons sur nos ordinateurs. Elle ne s'arrête pas à une interface utilisateur mais nécessite une démarche spécifique, c'est pourquoi il me semblait important de traiter ce sujet de façon bien distincte.

B. La genèse de l'Internet mobile

1. Genèse du mobile

Introduit auprès du grand public en 1983 par Motorola, son origine remonte réellement aux années 40 avec les premières expérimentations sur la technologie radio. Puis, en 1947, Bell Labs invente les cellules hexagonales qui permettent de transmettre et de recevoir des signaux dans trois directions. Mais à cette époque, il n'existait aucun standard industriel ni de fréquence allouée. Il faudra attendre 1973 pour que le docteur Martin Cooper, Directeur de la recherche chez Motorola, puisse passer son premier appel mobile. Bien sûr, ces appareils ne ressemblaient en rien au standard du mobile tel que nous le connaissons aujourd'hui. Il a fallu 10 ans de plus et 15 millions de dollars pour arriver à miniaturiser ces appareils et c'est donc en mars 1983 que sera commercialisé le Motorola DynaTAC 8000X, le fameux téléphone utilisé par Michael Douglas dans le film Wall Street et qui représentera pendant des années l'image américaine du golden boy.

Ce n'est qu'au début des années 1990 que les téléphones cellulaires sont devenus accessibles au grand public. Auparavant réservés à une élite de professionnels, ils se sont démocratisés grâce à une taille acceptable et un prix abordable. La fin des années 90 marque un tournant avec l'apparition et le déploiement des réseaux de télécommunication de deuxième génération (2G) et la fameuse norme GPRS. Auparavant, il n'était pas possible de transmettre des données en mobilité, car les technologies de télécommunication étaient analogiques. Le seul moyen de lire ses e-mails sur un PDA était de le synchroniser avec son ordinateur, pas très pratique... Rappelons-nous également de la sortie du Bip Bop en France en 1991 : il était possible d'émettre et de recevoir des appels, une révolution à l'époque même si le seul moyen pour l'utiliser était d'être situé à proximité d'une borne. Autant dire que pour l'utilisateur la probabilité de recevoir un appel lorsqu'il se trouvait près d'une borne était extrêmement faible.

2. Le début de l'Internet mobile

Le premier navigateur web mobile, Pocket Web, a été lancé en 1994 pour le Newton d'Apple. Ce PDA était très innovant à l'époque, vous pouviez prendre des notes, stocker des contacts, gérer des calendriers et même envoyer des télécopies. Les technologies mobiles étaient tellement balbutiantes à l'époque que ce PDA relevait de la science-fiction pour beaucoup.

Le premier standard du Web mobile, le WML Wireless Markup Language, est apparu en 1998 grâce à un consortium, le WAP Forum, réunissant les constructeurs mobiles dont Nokia et Ericsson et des opérateurs mobiles dont Phone.com et Microsoft. Le fameux navigateur WAP était né et l'industrie tout entière était convaincue du succès de cette technologie. Mais la réalité fut tout autre : en 2000, une étude française de Médiamétrie (Mobiles Magazine Janvier 2001) sur les surfeurs en WAP a révélé que seulement trois Français sur dix avaient déjà entendu parler de cette technologie et que la plupart boudait son utilisation.

Parmi les possesseurs d'un téléphone WAP, ils étaient près de 20 % à ne jamais utiliser cette fonction, 35 % la trouvant peu utile et 15 % totalement déplorable. Un discours en demi-teinte qui a contredit les discours enflammés des opérateurs et des acteurs du WAP en général. À cette époque, le WAP est souvent qualifié de Minitel mobile.

Exemple de services mobiles sur le portail i-mode Mobiles Magazines-Juin 2002

Lancé en février 1999 au Japon, l'i-mode est un service d'Internet mobile. Solution propriété de l'opérateur japonais NTT DoCoMo, il a séduit 32 millions d'utilisateurs en 2002. Ce formidable succès s'explique par des prix attractifs, un grand nombre de services proposés, une convivialité d'utilisation et une variété de terminaux disponibles. Fort de ce succès, l'opérateur nippon a exporté son modèle à travers l'Europe. La prise de participation de 15 % dans le capital néerlandais KPN mobile lui a ainsi permis de lancer l'i-Mode en Allemagne, aux Pays-Bas et en Espagne en 2002, puis enfin en France avec Bouygues Telecom en avril 2002.

3. Les premiers smartphones

En Europe, le marché est dominé par Nokia et Ericsson qui lancent tour à tour les téléphones les plus sophistiqués possible. En 2000, ces deux constructeurs vont lancer chacun des modèles à mi-chemin entre un téléphone et un PDA (*Personal Digital Assistant*/Assistant numérique personnel).

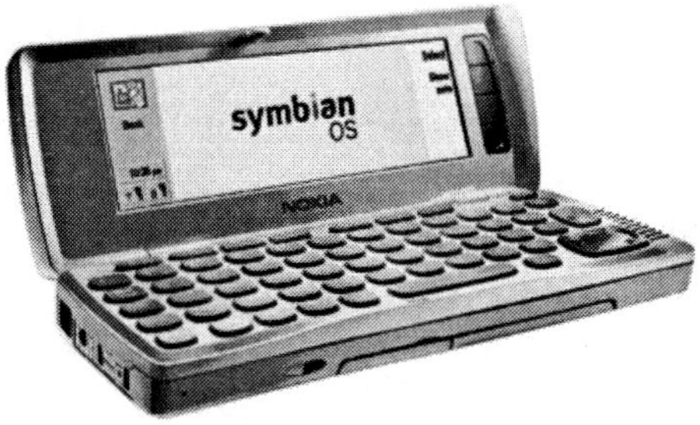

Le Ericsson R380 *Le Nokia Communicator 9210*

Ces deux terminaux proposaient un système d'exploitation et des applications très élaborées. Mais ces téléphones complexes et imposants n'ont jamais su trouver leur public. Aux États-Unis et face à l'échec de l'i-mode, le constructeur RIM a préféré miser sur des terminaux plus compacts en lançant son BlackBerry 5810 en 2002. C'est ce téléphone qui a fortement contribué à l'émergence de la lecture des e-mails sur téléphone, car il était commercialisé avec un service de synchronisation des e-mails et agendas des systèmes de messagerie d'entreprise. Son format compact pourvu d'un écran monochrome et d'un clavier physique simple d'utilisation a ainsi séduit les professionnels.

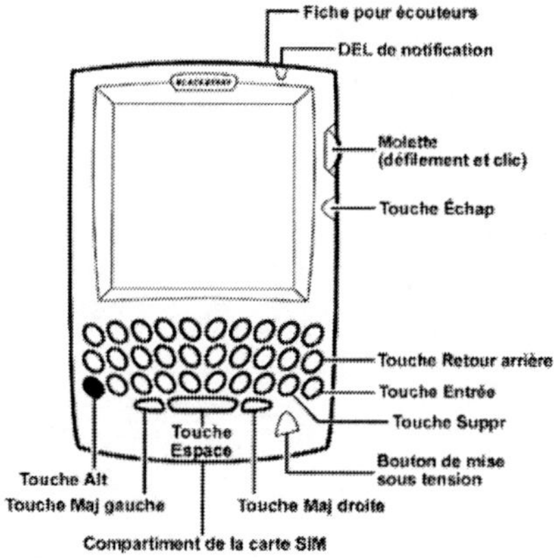

BlackBerry 5810

La marque californienne Handspring lancera, quant à elle, le Treo 600 misant sur une approche plus ludique avec des fonctions appareil photo et lecture de fichiers mp3 et vidéos. C'est le dernier produit lancé par la marque avant de fusionner avec Palm qui deviendra PalmOne (http://bit.ly/UXMobilePalm).

Malheureusement, malgré leurs succès commerciaux, ces grosses entreprises n'ont pas su mettre en œuvre suffisamment d'agilité pour proposer de réelles innovations et se sont contentées d'améliorer leurs modèles existants. Ericsson a cédé son activité de fabrication de téléphone à Sony, Nokia s'est enfermé dans une logique de production en masse de feature-phone avant de retrouver une nouvelle vie grâce au rachat de Microsoft qui lui a permis d'adopter une stratégie verticale intégrée pour le Windows Phone. BlackBerry n'a pas su renouveler son succès auprès du grand public, se cantonnant ainsi au marché des entreprises.

Dans les années 2000, il y a également eu la start-up *Danger* qui avait pour ambition de révolutionner l'univers du mobile. Créée par des anciens d'Apple, WebTV et Philips, elle a lancé en octobre 2002 le Sidekick qui proposait un nouveau format avec un écran pivotant : cet appareil se rapprochait plus de la console que du smartphone, mais proposait un navigateur web, un trackpad directionnel, un client de messagerie instantanée, le stockage de photos et de vidéos dans le cloud et une place de marché d'applications.

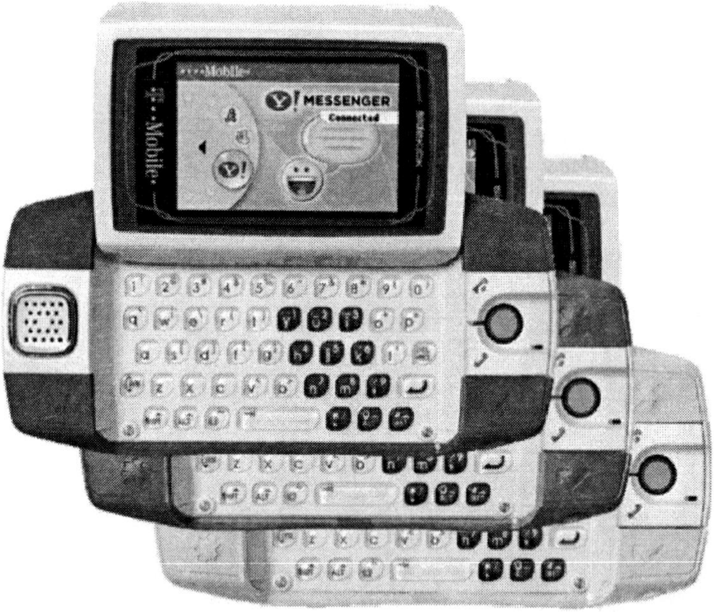

Le Sidekick LX dans sa version de 2007

Le Sidekick était distribué en exclusivité par TMobile, mais n'a jamais su conquérir son public malgré de belles percées auprès des adolescents et des célébrités issues de la pop culture. Cette entreprise fut néanmoins la pionnière du cloud et de la market place d'applications. Racheté par Microsoft en 2008, qui tentera de le relancer sous la marque Kin, le constructeur a dû faire face en octobre 2009 à un dysfonctionnement du serveur dans les centres de données de *Danger*.

Celui-ci entraînera la perte de toutes les données des utilisateurs Sidekick dont la production sera stoppée seulement quelques semaines après son lancement.

L'un des anciens fondateurs de *Danger*, Andy Rubin, fondera la célèbre start-up Android en 2003. Elle sera rachetée deux ans plus tard par Google.

Le marché des smartphones a continué à progresser à travers l'amélioration constante des performances techniques (affichage, autonomie, puissance, connectivité...) mais sans innovation majeure. C'est à cette époque que Steve Jobs, CEO d'Apple, animé par le défi de révolutionner le secteur, a réuni une équipe dans le plus grand secret pour lancer un nouveau produit : l'iPhone.

4. La révolution de l'iPhone

Dans un univers mobile en perte d'innovation, où le Motorola Z3 était à la pointe de la technologie et où il fallait encore compter deux minutes pour lancer une page depuis un navigateur mobile, Steve Jobs a changé la donne. À 9 heures, le 9 janvier 2007, il est monté sur scène devant les premiers fanboys, comme il est de coutume de les appeler, et a présenté le premier iPhone. À ce moment-là, personne ne sait encore qu'il va assister à un tournant majeur de l'informatique personnelle et d'entreprise. Quelques heures plus tard, la tension dans l'auditorium est palpable. Steve Jobs a parlé d'iPod, de terminal Internet, de téléphone... : *« c'est un téléphone, c'est un terminal Internet, c'est un iPod »* répète-t-il trois fois avant de lancer *« Vous comprenez ? Ce ne sont pas trois appareils mais un seul et unique appareil. »* L'iPhone.

Steve Jobs présentant le premier iPhone en 2007
(Keynote d'Apple http://bit.ly/UXMobileKeynote)

L'iPhone se démarquait totalement des autres smartphones sur le marché en offrant une interface simple et ergonomique entièrement tactile. Difficile de nier l'impact de l'iPhone sur l'Internet mobile, les chiffres parlent d'eux-mêmes. En analysant la croissance impressionnante du trafic des données mobiles d'AT&T entre 2006 et 2009, nous constatons une augmentation de 4 932 %. Ainsi, en 2009, le trafic mobile de l'iPhone représentait à lui seul le trafic de 30 features phones. Bien sûr, le prix de plus en plus abordable des smartphones permettant de surfer sur Internet, allié au développement de la couverture réseau, influe beaucoup sur l'explosion du trafic mobile. Pendant l'année 2010, la vitesse des réseaux mobile a ainsi doublé.

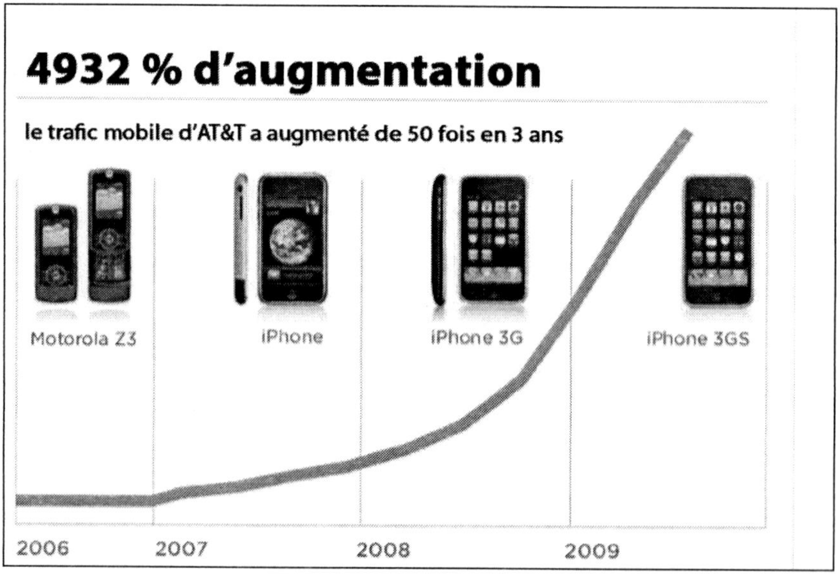

Croissance du trafic de données mobiles d'AT&T Source AT&T, Morgan Stanley Research

Son design a aussi bouleversé la façon de concevoir des interfaces utilisateurs. Samsung en a tout particulièrement fait les frais à travers une guerre des brevets de plusieurs années lui coûtant au total 1 milliard de dollars (http://bit.ly/UXMobileProces).

L'argumentaire d'Apple contre le plagiat de Samsung

Fort de son succès, Apple a poursuivi sa conquête en lançant trois ans plus tard l'iPad, une version grand format de son iPhone dotée d'une connexion Wi-Fi. Ces formats étaient déjà présents sur le marché, les Tablet PC, mais l'ensemble de ces modèles était doté de stylets les rendant beaucoup moins ergonomiques. La force d'Apple réside aussi dans l'innovation technologique grâce à la sensibilité de son écran tactile qui rend l'utilisation au doigt d'une simplicité enfantine.

Maintes fois copiés, les produits d'Apple ont engagé une véritable révolution dans les usages des internautes faisant basculer le Web et tout le secteur informatique dans l'ère de la mobilité. Si personne ne peut aujourd'hui nier le rôle prépondérant d'Apple dans la dynamique du marché, les terminaux, usages et services se sont considérablement diversifiés, ne laissant finalement à Apple qu'une petite part de marché.

C. Le marché du mobile

Le marché du mobile est en perpétuel mouvement et possède un écosystème de plus en plus complexe. Il comprend des acteurs historiques tels que les opérateurs et les constructeurs mais aussi les nouveaux entrants comme Apple et Google qui sont devenus des acteurs clés du marché en bousculant l'écosystème mobile historique. En dressant ici un état des lieux, cela vous donnera une photographie du marché actuel mais ces données deviennent vite obsolètes et il est également régi par l'innovation qui peut faire basculer rapidement un acteur.

Le mobile s'installe chaque jour davantage dans les foyers et les pratiques. L'Europe dispose du taux de pénétration mobile le plus élevé dans le monde. La mise à jour de l'algorithme de Google a permis de donner un coup de fouet au « mobile friendly », poussant les marques à adapter leur site Internet pour le mobile.

1. Le marché des smartphones

Les smartphones ont toujours un aussi grand succès. Au deuxième trimestre 2015, 330 millions de smartphones ont été livrés dans le monde. Hormis la Chine et les pays d'Asie développés, toutes les régions enregistrent une croissance en volume de vente sur les trois premiers mois de l'année 2015. La hausse est de 13,5 % en comparaison à la même période un an plus tôt. Cela représente néanmoins la plus faible progression enregistrée depuis 2013. L'Institut GfK anticipe un ralentissement de la croissance mondiale d'ici la fin de l'année.

En Europe Occidentale les ventes ont baissé pour la première fois au premier trimestre 2015, un marché qui montre désormais des signes de saturation tout en demeurant dynamique sur les prix grâce à l'entrée de nouveaux fabricants.

L'IDC estime que le marché européen montre clairement des signes de saturation. *« 7 personnes sur 10 en Europe possèdent désormais un smartphone. Le succès des nouveaux iPhone 6 et 6 Plus, la popularité croissante des phablettes et l'explosion des terminaux à moins de 150 dollars ont été les principaux facteurs de croissance »*, commente Francisco Jeronimo, directeur de recherche pour les terminaux mobiles d'IDC Europe.

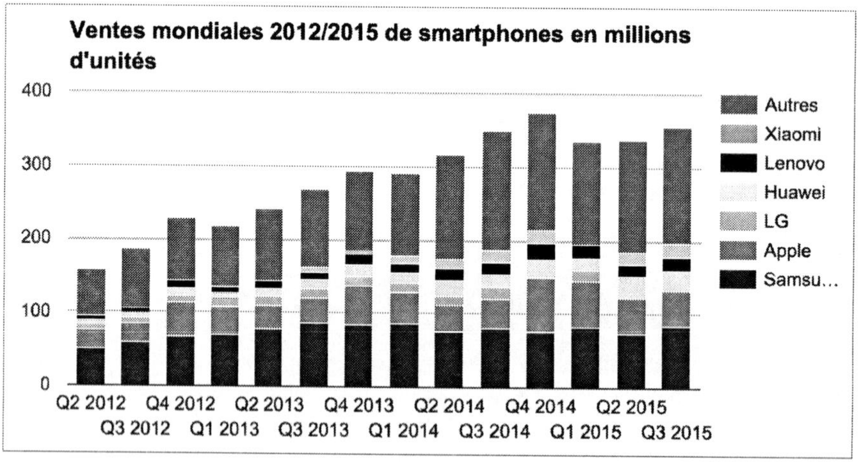

Source IDC - via ZDNet.fr/chiffres-clés

Plus d'un smartphone vendu sur deux dans le monde est doté de la 4G

La part des appareils 4G représente désormais plus d'une vente sur deux dans le monde. La plus forte progression s'observe en Chine, atteignant 73 % des ventes de smartphones au premier trimestre 2015. Une croissance encouragée par la baisse des prix des smartphones dotés de la 4G. Dans sa prévision mondiale, GfK annonce une part de 59 % d'ici la fin de l'année 2015.

La 4G devrait également favoriser la croissance en Inde et en Indonésie. Au premier trimestre 2015, la part de la 4G dans ces deux pays était largement sous la moyenne mondiale (respectivement à 4 % et 7 %) mais l'institut d'études prévoit des volumes de ventes proches des 7 % en Inde et 10 % en Indonésie d'ici la fin de l'année 2015.

Dynamique des prix : l'entrée de gamme gagne du terrain

Les smartphones entrée de gamme, commercialisés en dessous de 250 $, ont progressé de 56 % en volume, contre 52 % au quatrième trimestre 2014, au détriment du segment haut de gamme (plus de 500 $). Le milieu de gamme (250-500 $) garde une proportion stable. GfK prévoit que les smartphones d'entrée de gamme vont encore gagner du terrain en 2016, aidés par l'érosion continue des prix dans les régions émergentes.

Samsung et Google dominent les ventes

Dans le détail, Samsung demeure la marque ayant vendu le plus de smartphones dans le monde, malgré une perte de parts de marché (21,9 % contre 26,2 % en 2014) au profit d'Apple qui regagne un peu de terrain (+2,4 pts de parts de marché) et des constructeurs chinois Huawei (+1,7 pt) et Xiaomi (+0,6 pt). Au total, Samsung a écoulé sur cette période 72 millions de smartphones contre 48 millions pour Apple. Huawei, Lenovo et Xiaomi complètent le top 5.

En ce qui concerne les systèmes d'exploitation, Android et iOS concentrent toujours plus de 96 % des ventes de smartphones. Le système d'exploitation mobile de Google a représenté à lui seul 82,2 % des ventes de smartphones dans le monde contre 14,6 % pour iOS. Windows Phone et BlackBerry sont à des années lumières, avec respectivement 2,5 % et 0,3 % de parts de marché et toujours en perte de vitesse.

À noter que tous modèles confondus, Samsung a vendu 88 millions de téléphones portables, loin devant Apple (48M), Microsoft (27,6M), Huawei (26,1M) et LG (17,6M).

Le smartphone en France

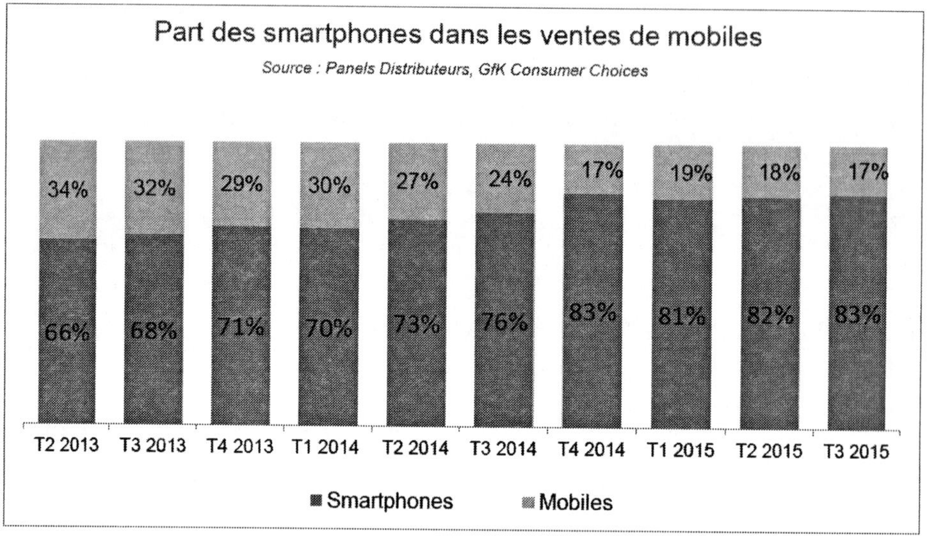

Source © Mobile Marketing Association France - 2015

Le marché du mobile en France a progressé et la prééminence des smartphones dans les ventes de mobiles est sans commune mesure. Au 3e trimestre 2015, la part des smartphones dans les ventes mobiles représente 83 %. Désormais, sur six téléphones vendus, plus de cinq sont des smartphones. En cinq ans, cette croissance est constante. Selon la MMA France, les « feature phones » vont quasiment disparaître du marché en 2016. Les smartphones sont largement équipés en technologies, notamment la 4G et la NFC qui représente plus d'un tiers des équipements. 6 français sur 10 sont mobinautes avec 59,9 % de la population française. Là aussi, nous constatons une augmentation de plus de 2,5 millions en un an amenant les mobinautes à 32,9 millions en France. Un équipement toujours en très légère croissance mais des ventes désormais en recul de 15 % sur le dernier trimestre.

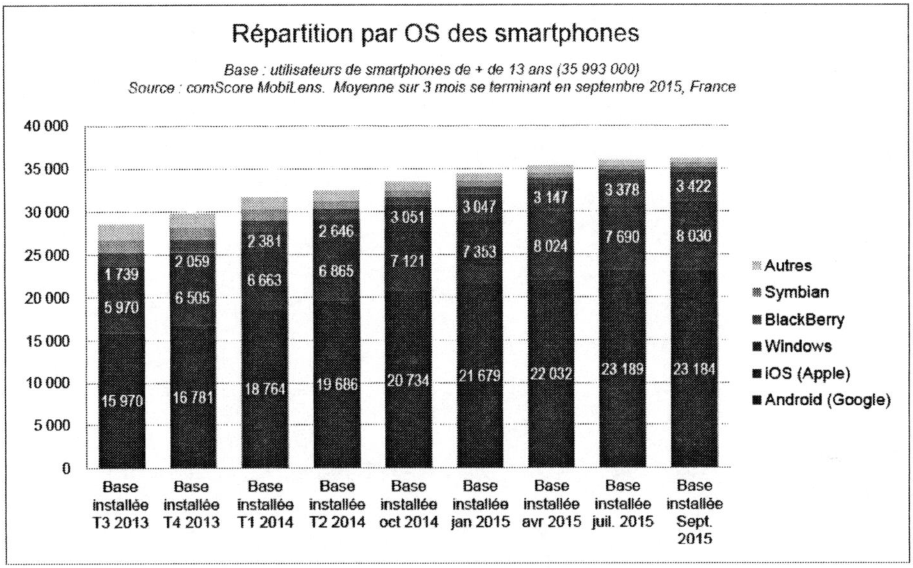

Source © Mobile Marketing Association France - 2015

Un marché français également largement dominé par Android qui détient à lui seul plus de 64 % de parts de marché, suivi par iOS. Android et iPhone totalisent plus de 30 millions d'utilisateurs actifs. Windows Phone se maintient au-dessus des 3 millions. La répartition des parts de marché illustre le partage entre trois acteurs : iOS d'Apple, Android de Google et Windows Phone de Microsoft qui pèsent pour 96 % des OS installés.

2. Le marché des tablettes

L'IDC présente des chiffres 2015 qui confirment la chute du marché des tablettes une chute constante d'année en année de 7 %, soit 3,9 % de plus qu'au premier trimestre. Au total, ce sont 44,7 millions de tablettes qui se sont vendues en 2015. Le marché est bien saturé et les consommateurs ne trouvent pas de raison de changer leurs tablettes, conservées ainsi 4 ans ou plus.

En outre, l'IDC a corrigé sa prévision, il anticipait une baisse de 3,8 %, elle sera finalement de 8 % en 2015 avec 212 millions de tablettes livrées dans le monde. Un signe encourageant : le développement du segment des 2-en-1 ou tablettes détachables. Elles commencent seulement maintenant à susciter l'intérêt des consommateurs. En 2015, sa croissance devrait être de 86,5 %. Toutefois avec 14,7 millions des tablettes détachables, ces terminaux restent une niche sur le marché des tablettes.

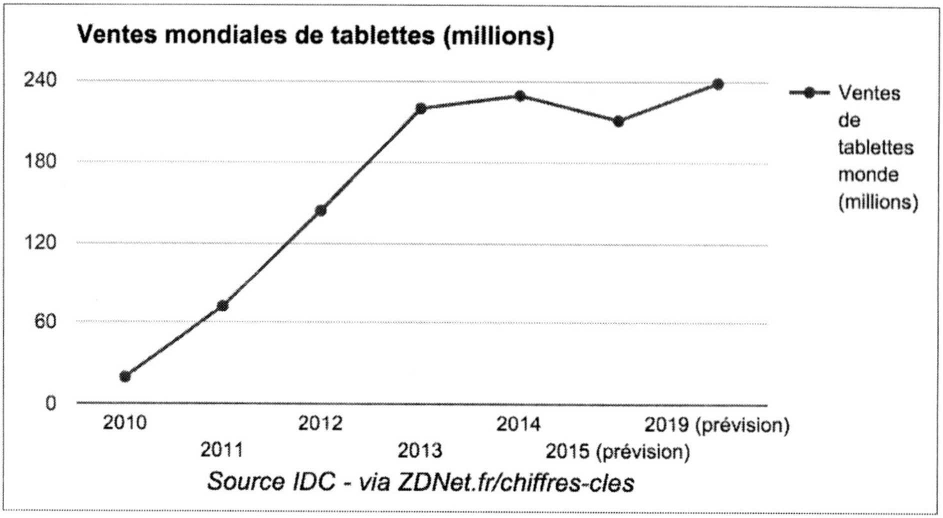

Source IDC - via ZDNet.fr/chiffres-cles

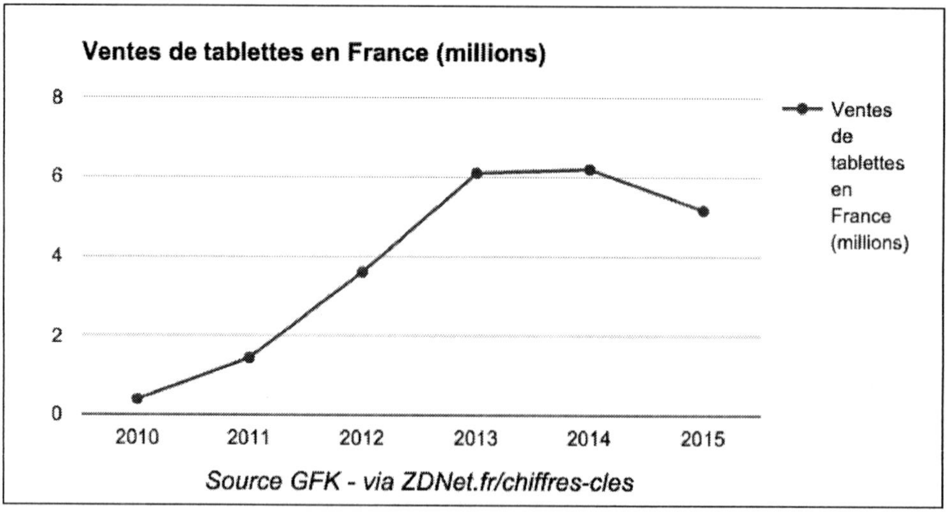

Source IDC - via ZDNet.fr/chiffres-cles

"Le marché semble être en transition" suggère le cabinet. Et cette transition passe en particulier par les hybrides, dont les tablettes détachables. Mais ces dernières représentent moins de 10 % des livraisons de tablettes. Malgré tout, IDC s'attend à une croissance "spectaculaire" de cette part au cours des 18 prochains mois.

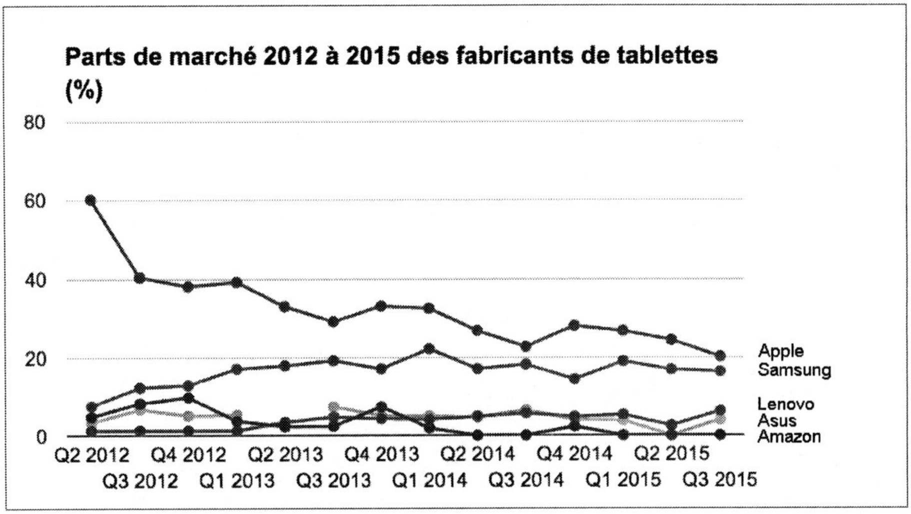

Source IDC - via ZDNet.fr/chiffres-clés

Depuis le lancement de l'iPad en 2010, le marché des tablettes a bien évolué en six ans et Apple, qui a été le premier entrant, a dû faire face à la concurrence de Samsung, son rival de toujours. Depuis plusieurs semestres, les parts de marché se stabilisent. Ainsi au 2e trimestre 2015, Apple a su conserver la première place en réalisant plus de 24,5 % des livraisons mondiales de tablettes contre 17 % pour le Coréen. Les autres constructeurs sont hors compétition et peinent à atteindre les 6 % de parts de marché, Lenovo avec 5,7 % et Huawei avec 3,7 %. Notons que LG Electronics fait une belle percée avec une forte croissance cette année qui lui permet de remonter à 3,6 %.

Outre les tablettes détachables, le marché se fait également concurrencer par les smartphones dont la taille est de plus en plus grande.

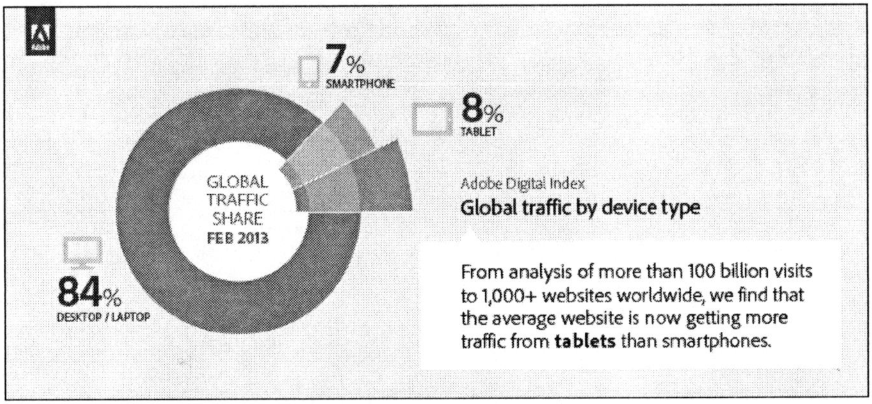

Selon l'Abode Digital Index (bit.ly/UXMobile05), en 2014, les tablettes ont drainé plus de trafic vers Internet que les smartphones.

Ceci est dû au confort de navigation. En comparaison avec un smartphone, que ce soit pour naviguer sur le Web, visionner des vidéos ou faire du shopping en ligne, l'internaute moyen visualise 70 % de pages de plus par visite lors de la navigation avec une tablette.

Malgré la variation par région, la croissance du trafic des tablettes a été constante jusqu'en 2012. Tous les pays ont vu leur part du trafic doubler au cours de l'année 2012 et cette tendance devrait se poursuivre.

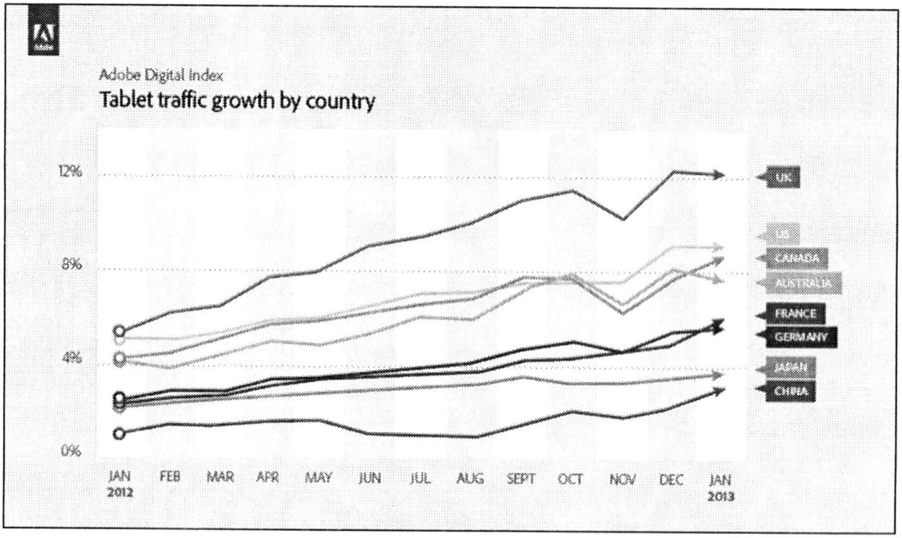

Au-delà des tendances de ventes et du trafic, le marché connaît des évolutions notables en termes d'offre produit, notamment grâce à des tablettes de plus en plus fines et légères, une qualité d'affichage et un rendu du texte travaillé pour une meilleure lisibilité, des écrans plus larges et des prix de plus en plus accessibles, à partir d'une centaine d'euros.

Les tablettes en France

En France, plus d'un foyer sur quatre est équipé d'au moins une tablette, soit 15 millions de possesseurs à septembre 2015. Le marché monte des signes de saturation : alors que le marché des tablettes est en très légère croissance, les ventes sont en recul de 15 % comparé au 2e trimestre 2015.

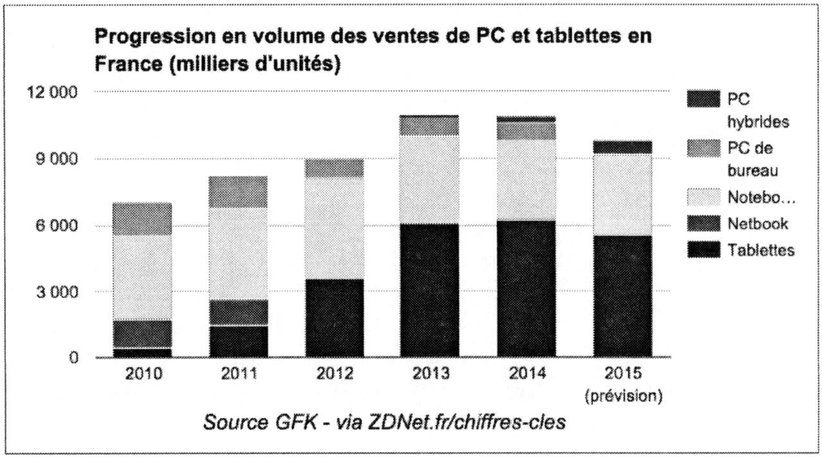

Sans surprise nous retrouvons le même trio en système d'exploitation que pour le smartphone. Les trois systèmes iOS d'Apple, Android de Google et Windows de Microsoft pèsent désormais 94 % des OS installés.

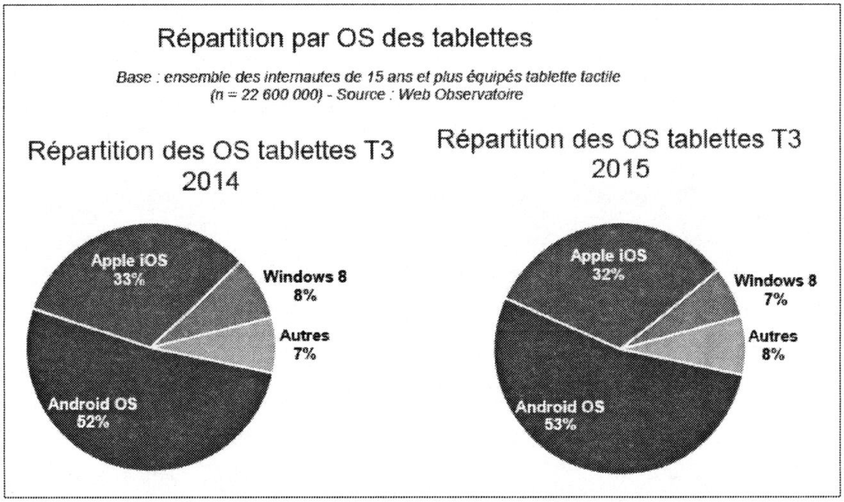

Source © Mobile Marketing Association France - 2015

3. Les phablettes en plein essor

La phablette (*phablet* en anglais) est la contraction des mots « tablette » et « smartphone », cela correspond à une taille d'écran comprise entre 5,5 et 7 pouces.

Les écrans des smartphones sont de plus en plus grands, et après des années de résistance Apple a finalement cédé à ce diktat en 2014 en lançant l'iPhone 6 et l'iPhone 6 Plus. Ainsi il apparaît que les écrans de 3,5" et 4" vont commencer leur inévitable déclin pour finalement être devancés par des modèles de taille supérieure.

Ce déclin est déjà en mouvement, plusieurs études le démontrent. Notamment l'étude d'Adobe de 2014 qui montre que la navigation mobile parmi les téléphones avec écrans 4 pouces ou moins est en baisse de 11 % aux États-Unis. Une étude de Gfk (GFK Le Marché des Bien Techniques Février 2015 bit.ly/UXMobile02) de 2015 relève les mêmes tendances en France, la taille moyenne de l'écran se positionne à 4,4 pouces en 2014. Les écrans de 4,5 et 5 pouces représentent 44 % du chiffre d'affaires et leur part de marché a gagné plus de 10 points en un an. Et enfin en janvier 2015, les sessions mobiles de Flurry, l'outil de suivi de trafic des applications mobiles, montrent une forte progression de 148 %.

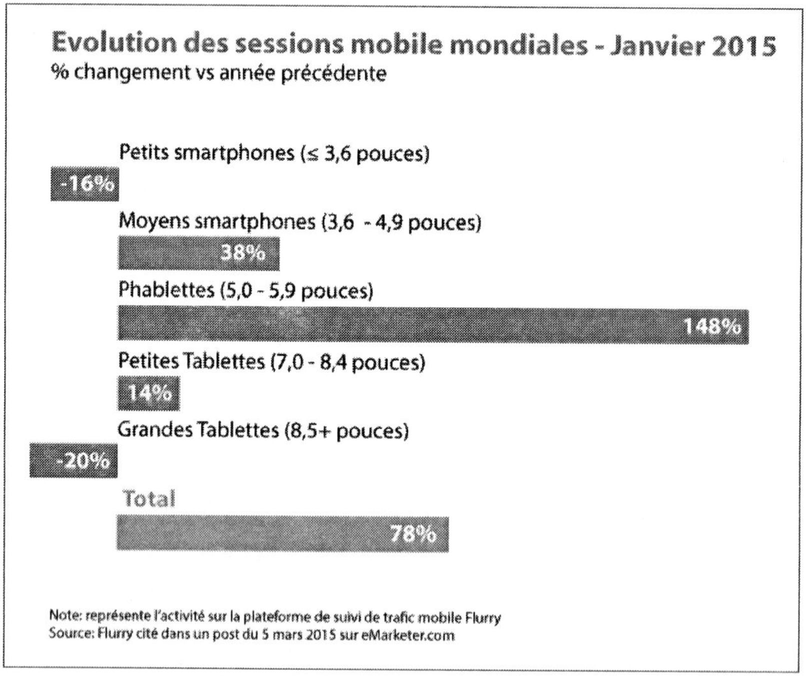

Éric Scherer, directeur de la prospective pour le groupe France Télévisions, auteur du blog meta-media.fr, le prédisait dans le livre *La Presse sur tablette* (www.bit.ly/UXMobile04) publié en octobre 2014, « Le smartphone et la tablette vont fusionner.

Car le smartphone est trop petit pour regarder une vidéo, format au cœur des innovations actuelles. Comment peut-on prendre du plaisir à lire un texte sur un demi-paquet de cigarette ? La tablette, elle, est trop grande pour être mobile ; elle est peu pratique. »

En 2014, ces modèles, dont le prix moyen de vente est de 669 dollars (contre 428 dollars pour un smartphone classique) ont représenté environ 10 % des livraisons de smartphones en Europe de l'Ouest. Sur la période, ce sont 14,3 millions de phablettes qui ont été livrées, une croissance de 174 %.

Ceci est notamment dû à la technique de séduction mise en place par les constructeurs de phablettes en 2014. En tête de gondole, nous trouvons les monstres iPhone 6 Plus d'Apple et le Galaxy 5 de Samsung, accompagnés notamment du Lumia 1520 de Nokia et du G3 de LG. Trois constructeurs dominent ce segment en assurant 80 % des ventes : Samsung, Apple et LG.

Au 4e trimestre 2014, les ventes de phablettes en France ont grimpé de 68 % passant de 1,5 million à plus de 2,5 millions, soit 12,23 % des ventes.

Cela signifie qu'apprendre à concevoir pour les phablettes est maintenant plus important que jamais. Heureusement, les tailles des écrans de téléphone deviennent de plus en plus universelles. Un examen rapide des écrans les plus populaires sous Android montre qu'ils sont compris entre 5,1 et 5,7 pouces.

D. Le commerce mobile

Le commerce mobile bouleverse la façon dont les consommateurs font leur shopping. S'il est estimé par les commerçants, compte tenu de la croissance du mobile pour les années à venir, ils sont toujours trop nombreux à le délaisser. Pourtant, les commerçants doivent prendre conscience que s'ils ne veulent pas perdre des opportunités, ils doivent massivement investir le mobile. Le m-commerce a connu une croissance importante en France et selon RetailMeNot, il devrait représenter 7 milliards d'euros pour 2015.

Selon le rapport d'activité de Critéo de 2015, en moyenne, les e-commerçants ont vu les parts de leurs transactions mobiles augmenter de 26 %. Ces transactions mobiles sont maintenant à part égale entre tablette et smartphone, ceci étant en parti du à l'essor des phablettes qui favorisent le confort de navigation.

Le mobile devient le point de contact privilégié pour réaliser ses achats chez les consommateurs multi-équipés. Plus de la moitié des transactions impliquent désormais de multiples écrans, ces utilisateurs cross-devices ont une appétence deux fois plus élevée à convertir sur le mobile. Ceci efface en effet la croyance selon laquelle le mobile est uniquement réservé à la recherche. Une tendance qui tend à progresser pour l'année 2016 et qui incitera les marques à prendre en compte le mobile comme moteur de leur stratégie de vente.

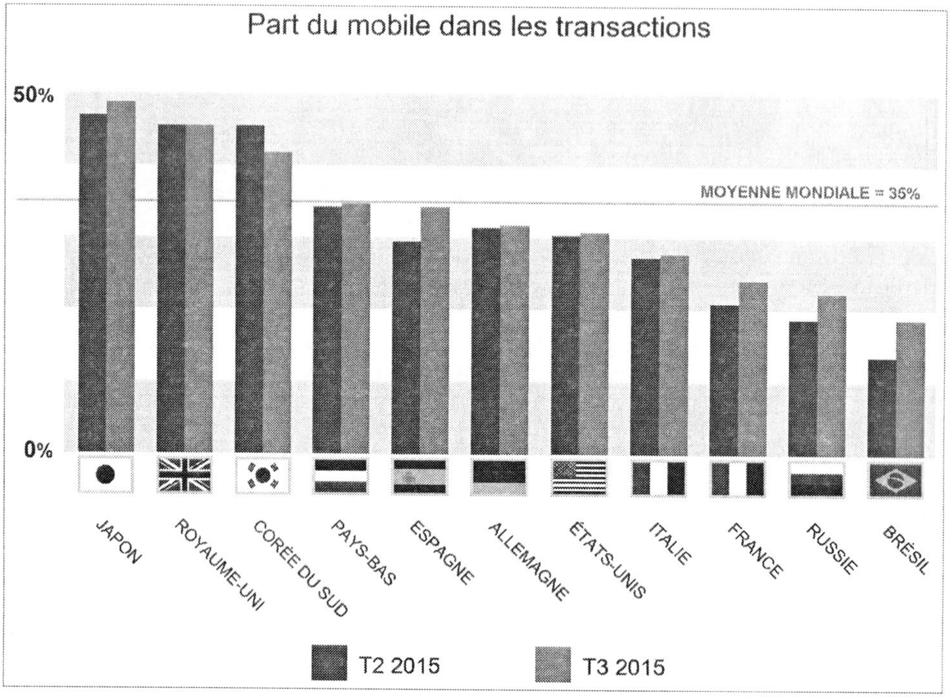

Source : Critéo - Rapport d'activité T3 2015 sur le commerce mobile en France

Si l'on compare la France aux autres pays en termes de part mobile dans les transactions, elle se situe dans la moyenne basse bien loin de l'OVNI japonais.

Les applications ont un taux de conversion encore plus élevé que sur Desktop.

Les smartphones sont la clé pour les grands e-commerçants tels que Vente Privée, Voyages Sncf , puisqu'ils y réalisent désormais plus d'un tiers de leurs ventes, principalement dû au fait d'une meilleure optimisation des taux de conversion sur smartphone.

E. Les usages mobile

Les utilisateurs mobiles sont avant tout des utilisateurs et doivent être spécifiquement étudiés selon le projet que vous souhaitez développer, mais il est important de comprendre les grandes tendances d'utilisation du mobile. Bien sûr ces tendances sont largement influencées par le pays, car les acteurs de la chaîne de valeur ainsi que les comportements culturels vont avoir des répercussions sur l'utilisation du mobile. C'est pourquoi dans cette partie nous nous concentrons sur les usages des mobinautes en France.

En France le mobile est devenu indispensable au quotidien. En effet les chiffres du récent Observatoire Deloitte (bit.ly/UXMobileDeloitte) sur les usages mobiles des Français sont sans équivoque : le smartphone est devenu incontournable, avec plus de 900 millions de consultations par jour. 68 % des internautes en France sont aujourd'hui équipés de smartphones, sur une population âgée de 15 ans et plus. Les innovations technologiques étant en constante évolution elles permettent aux smartphones d'acquérir toujours plus d'autonomie, de puissance, de confort et de connectivité. Pour exemple, fin 2015, la 4G représentait plus de 37 % des équipements. Ceci a donc permis aux utilisateurs d'intégrer le smartphone comme un élément essentiel à leurs vies tant personnelles que professionnelles, dans un monde toujours plus connecté.

Une évidente dépendance

Le smartphone occupe aujourd'hui plus que jamais une place de choix dans notre quotidien et nous entretenons un usage compulsif avec lui. Un des chiffres les plus symptomatiques est sans doute la part des Français ayant pris l'habitude de consulter leur smartphone en marchant dans la rue : 17 %, ou celui des Français consultant leur smartphone dans les cinq minutes suivant leur réveil : 16 %. Une part qui augmente chez les 25-34 ans. Sans parler des 23 % des 18-25 ans qui invitent leur plus fidèle compagnon à table pour le plus grand bonheur de leurs parents.

Cette intensité dans l'usage du smartphone se confirme tout au long de la journée, précise Deloitte, notamment pour les publics jeunes. En effet, 38 % des Français consultent en moyenne 10 fois leur smartphone dans la journée et 28 % jusqu'à 25 fois ; chez les 18-24 ans, près de la moitié d'entre eux utilisent jusqu'à 50 fois par jour leur smartphone.

Le smartphone n'est pas utilisé uniquement en mobilité, il est présent dans chacun de nos moments de vie. Ainsi, les Français utilisent leur smartphone au travail, à domicile, au restaurant, en mobilité... mais aussi en solo, en famille, entre amis, entre collègues. Une vraie épidémie, une des principales raisons de ce phénomène est le « multitasking », nous sommes de plus en plus nombreux à utiliser notre smartphone en plus d'une autre activité en regardant la télévision, en patientant au restaurant. 35 % des Français reconnaissent même utiliser leur smartphone de manière occasionnelle ou systématique lors d'une discussion de famille.

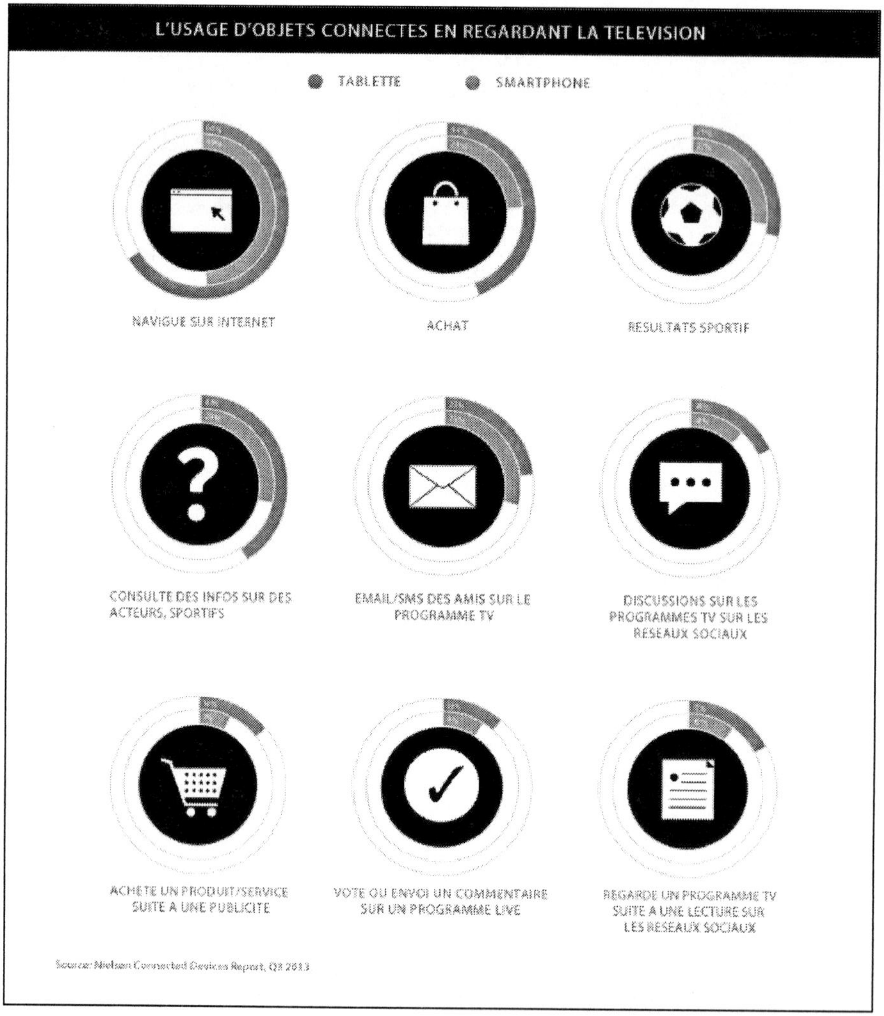

L'étude de Nielsen « The Digital Consumer » (bit.ly/UXMobileNielsen) révèle que 84 % des possesseurs de smartphones et tablettes admettent utiliser leurs terminaux en face de la télévision. Un usage encore plus marqué chez les utilisateurs de tablettes.

Plus précisément, 49 % des utilisateurs de smartphones surfent sur le Web devant la TV (66 % des propriétaires de tablettes) et 24 % s'adonnent au shopping (44 % des propriétaires de tablettes).

Un chiffre à retenir pour les directeurs marketing : 7 % des utilisateurs de smartphones achètent un produit vu dans une publicité TV. Ce chiffre s'élève à 14 % chez les propriétaires de tablettes. Par ailleurs, l'intégration toujours plus marquée du smartphone dans nos parcours commerciaux, administratifs ou sociétaux ont exacerbé le réflexe smartphone au quotidien. Plus de 65 % des 18-44 ans l'intègrent dans leur shopping.

Dans ce contexte d'utilisation constante, le mobile est le point contact de proximité privilégié pour les entreprises, ce qui représente un véritable enjeu commercial.

Un des éléments marquants de l'utilisation du mobile est la nette augmentation de l'utilisation des applications. Selon Harris Interactive (évaluation des actions marketing à l'ère du digital http://bit.ly/UXMobileHarris) en moyenne, 35 applications sont installées sur les smartphones alors que seulement 11 sont utilisées régulièrement. En 2015, 8,3 millions de mobinautes français ont déjà téléchargé une application avec une moyenne de 12 applications téléchargées.

Dans un contexte d'utilisation des applications en augmentation de 79 %, il y a pourtant peu d'élus. Pour 9 applications téléchargées au cours du dernier mois, un tiers ne sont plus du tout utilisées au bout de 3 mois. Car les attentes des utilisateurs sont très fortes et l'enjeu pour les marques est crucial, 57 % des utilisateurs insatisfaits d'une application cherchent à utiliser l'application équivalente d'un concurrent, et ils sont 24 % à faire connaître leur mécontentement autour d'eux. Tandis que pour 72 % des utilisateurs d'applications satisfaits il y a un impact positif sur l'image de marque et une incitation à la recommandation pour 61 % d'entre eux. Cette métrique vaut également pour votre site mobile, naviguer sur un site concurrent étant d'autant plus facile.

Votre application ou site mobile aura donc un impact conséquent, tant en termes d'image de marque qu'en termes de chiffre d'affaires. Il ne s'agit plus d'être uniquement présent sur le mobile mais il est essentiel de concevoir votre présence mobile en la pensant en fonction de vos utilisateurs avec des fonctionnalités et une ergonomie adaptées à leurs usages.

Chapitre 3
La phase Découverte

A. La psychologie de l'utilisateur

Vous avez peut-être déjà entendu cette histoire :

Un roi emmène six hommes dans un bâtiment sombre. Ils ne peuvent pas voir quoi que ce soit. Le roi leur dit : « J'ai acheté cet animal dans les terres sauvages de l'Est. On le nomme Éléphant. » Les hommes demandent : « Qu'est-ce qu'un éléphant ? ». Le roi dit : « Sentez l'éléphant et décrivez-le pour moi. » L'homme qui sent une jambe dit que l'éléphant est comme un pilier, celui qui sent la queue dit que l'éléphant est comme une corde, celui qui sent le tronc dit que l'éléphant est comme une branche d'arbre, celui qui sent l'oreille dit que l'éléphant est comme un éventail, celui qui sent le ventre dit que l'éléphant est comme un mur et celui qui sent la défense dit que l'éléphant est comme un tuyau solide. « Vous avez tous raison », dit le roi. « Vous avez tous ressenti juste une partie de l'éléphant. »

L'histoire de l'éléphant nous rappelle que les gens ont des points de vue différents en fonction de leurs origines, de leur éducation et de leur expérience. Un designer approche l'UX selon un certain point de vue, le marketeur selon un autre et le programmeur d'une façon encore différente. Il peut être utile de comprendre et même d'expérimenter la partie de l'éléphant que d'autres connaissent.

Cette partie est un instantané de la psychologie de l'éléphant de Susan Weinschenk (http://www.theteamw.com/#about), docteur en psychologie.

<u>Les gens ne veulent pas travailler ou penser plus que ce qu'ils doivent</u>

Les gens vont faire le moins de travail possible pour réaliser une tâche. Il est préférable de leur montrer seulement un peu de l'information et de les laisser choisir s'ils veulent plus de détails. Au lieu de décrire les choses, il vaut mieux montrer un exemple. Faites attention à l'apparence des objets sur l'écran du site ou de l'application que vous concevez. Si l'un d'entre eux est cliquable, assurez-vous qu'il ressemble à un élément cliquable.

Ne fournissez que les fonctionnalités dont les personnes ont vraiment besoin. Ne vous basez pas sur votre opinion, sur ce que vous pensez concernant leurs besoins ; faites des recherches utilisateurs pour identifier leurs attentes. Donner aux gens plus que ce dont ils ont réellement besoin encombre l'expérience. Ne fournissez pas par défaut mais laissez cependant les gens faire le moins d'actions possible pour accomplir une tâche.

Les gens ont des limites

Les gens ne peuvent pas regarder une masse d'informations ou lire énormément de texte sur un écran sans perdre leur intérêt. Il est donc indispensable de fournir uniquement l'information qui est nécessaire à l'instant T et de rendre l'information facile à analyser. Utilisez des en-têtes courts ou des blocs d'informations ou de textes. Les gens ne sont pas multitâches. Les études sont très claires à ce sujet, alors ne vous attendez pas à ce qu'ils le soient. Ils préfèrent des lignes courtes, mais lisent mieux avec des phrases plus longues ! C'est une énigme, à vous de décider si la préférence ou la performance est plus importante dans votre cas, mais sachez que les personnes vont demander des choses qui ne sont pas nécessairement mieux pour elles.

Les gens font des erreurs

Assumez le fait que les gens vont faire des erreurs. Anticipez ce qu'elles seront et tentez de les prévenir. Si les conséquences d'une erreur sont importantes, utilisez alors une confirmation avant d'agir sur l'action de l'utilisateur. Assurez-vous qu'il est facile de revenir en arrière.

Il est toujours plus facile de travailler sur la prévention d'erreurs que d'aider les gens à corriger une fois qu'elles se sont produites. Le meilleur message d'erreur n'est aucun message du tout. Si une tâche est source d'erreurs, il est nécessaire de la diviser en petits morceaux. Si l'utilisateur fait une erreur et que vous pouvez la corriger, faites-le et montrez ce que vous avez corrigé. Ceux qui sont en charge de la conception UX font également des erreurs. Par conséquent, assurez-vous qu'il y ait du temps et de l'énergie pour l'itération, les commentaires des utilisateurs et les tests.

La mémoire humaine est compliquée

Les gens reconstruisent leurs souvenirs ce qui signifie qu'ils sont toujours en train de changer leur mémoire. Vous pouvez faire partiellement confiance à ce que disent les utilisateurs. Il est préférable de les observer en action que de les prendre au mot.

La mémoire est fragile. Elle se dégrade rapidement et est sujette à beaucoup d'erreurs. N'essayez pas de leur faire se souvenir d'éléments d'une tâche à l'autre ou d'une page à l'autre.

Les gens ne peuvent se rappeler environ que de 3-4 éléments à la fois. La loi de Miller (http://psychclassics.yorku.ca/Miller/), qui soutient que le nombre d'objets pouvant tenir dans la mémoire de travail d'un humain moyen est de 7 plus ou moins 2, est une légende urbaine. Pourtant, depuis 2011, un article de Jeanne Farrington (http://onlinelibrary.wiley.com/doi/10.1002/piq.20099/abstract) avance que la mémoire à court terme serait limitée à un maximum de 5 éléments. Au-delà, la difficulté augmente et devient vraiment problématique à partir de 7 pour la majorité des personnes.

Les gens sont sociaux

Les gens vont toujours essayer d'utiliser la technologie pour être sociaux. Les gens se tournent vers d'autres pour des conseils sur ce qu'ils doivent faire, surtout s'ils sont incertains. Cela est vrai depuis des milliers d'années. Cela s'appelle la validation sociale. C'est pourquoi notes et commentaires par exemple sont si puissants sur Internet.

Si les gens font quelque chose ensemble en même temps (le comportement synchrone), ils se lient ensemble. Il y a effectivement des réactions chimiques dans le cerveau. Le rire contribue aussi au lien entre les personnes. Si vous faites une faveur à quelqu'un, cette personne va alors se sentir redevable et vous donnera une faveur en retour (réciprocité). La recherche montre que si vous voulez que les gens remplissent un formulaire, il est indispensable de leur donner quelque chose qu'ils veulent pour leur demander ensuite de remplir un formulaire, et non le contraire. Lorsque vous regardez quelqu'un faire quelque chose, les mêmes neurones s'allument dans votre cerveau comme si vous le faisiez vous-même (ces neurones sont appelés neurones miroirs (http://www.parcoursduloupblanc.com/blog/neurones-miroirs/)). Nous sommes programmés à imiter par notre biologie. Si vous voulez que les gens fassent quelque chose, demandez à quelqu'un d'autre de le faire.

L'attention

L'idée de l'attention est une des clés pour la conception d'une interface utilisateur engageante. Focaliser sur leur attention et ne pas les distraire quand ils sont concentrés sur quelque chose sont des préoccupations essentielles. Les gens sont conditionnés à prêter attention à tout ce qui est différent ou nouveau. Si vous faites quelque chose de différent, cela va se démarquer. Ceci dit, les gens peuvent réellement manquer ces changements dans leur champ visuel. Cela s'appelle la cécité au changement (http://www.sciencesetavenir.fr/fondamental/20110111.OBS6058/aveugles-par-le-mouvement.html). Il existe quelques vidéos (Change Blindness https://www.youtube.com/watch?v=VkrrVozZR2c) très humoristiques de personnes qui commencent à parler à quelqu'un dans la rue (qui les a arrêtées pour demander une direction) et qui ne remarquent pas qu'une personne se substitue à leur interlocuteur au cours de la conversation ! Vous pouvez utiliser les sens pour attirer l'attention. Des couleurs vives, de grandes polices, de belles images sauront capter l'attention. Les gens sont facilement distraits. Si vous ne voulez pas qu'ils soient distraits, ne mettez pas d'animations sur la page ou ne commencez pas par les inciter à la lecture de vidéos. Si, toutefois, vous voulez attirer leur attention, alors faites-le !

Les gens ont un besoin d'information

La dopamine est une substance chimique qui rend les gens dépendants que ce soit par exemple de nourriture, de sexe, d'information. L'apprentissage est dopaminergique, on ne peut pas s'empêcher de vouloir plus d'informations. Les gens en veulent plus que ce qu'ils peuvent effectivement analyser. Disposer de davantage d'informations permet aux personnes de penser qu'elles ont plus de choix. Avoir plus de choix leur permet de se sentir en contrôle. Se sentir en contrôle leur permet de penser qu'elles vont mieux survivre. Les gens ont besoin de rétroaction. L'ordinateur n'a pas besoin de dire à l'homme qu'il est en train de charger le fichier mais l'être humain a besoin de savoir ce qui se passe.

Traitement inconscient

La plupart des processus mentaux se produisent inconsciemment. Si vous pouvez amener les gens à s'engager dans une petite action (renseigner son e-mail), il est alors beaucoup plus probable qu'ils seront plus à même de s'engager dans une action plus complète (par exemple, créer un compte profil complet). Le cerveau reptilien fait partie ou a au moins une entrée dans la plupart de nos décisions. Il se soucie de la survie et de la propagation : la nourriture, le sexe et le danger. C'est pourquoi ces trois messages peuvent attirer notre attention. Le cerveau émotionnel est affecté par des images, en particulier des photos de personnes, ainsi que par des histoires. Le cerveau émotionnel a un impact énorme sur nos décisions.

Le comportement des gens est grandement affecté par des facteurs dont ils n'ont même pas conscience. Les mots « à la retraite », « Sud » et « fatigué » peuvent même faire que des jeunes gens marchent dans le couloir plus lentement (phénomène appelé cadrage) tant le cerveau reptilien et le cerveau émotionnel agissent sans notre pleine conscience. Nous attribuerons toujours une raison rationnelle, consciente à notre décision, mais elle ne représente jamais l'ensemble de la raison pour laquelle nous réalisons une action et, souvent, la raison rationnelle n'en fait même pas partie.

Les gens créent des modèles mentaux

Les gens ont toujours un modèle mental en place à propos de certains objets ou de certaines tâches (en payant ses factures, en lisant un livre, en utilisant un smartphone). Le modèle mental que les gens ont sur une tâche particulière peut être facile ou difficile à utiliser sur une interface que vous avez conçue. Afin de créer un UX positif, vous pouvez faire correspondre le modèle conceptuel de votre application ou de votre site mobile au modèle mental des utilisateurs ou vous pouvez essayer « d'enseigner » un modèle mental différent aux utilisateurs. Les métaphores aident les utilisateurs à s'approprier un modèle conceptuel. Par exemple, « C'est comme lire un livre. » La raison la plus importante pour faire de la recherche utilisateur est d'obtenir des informations sur les modèles mentaux des utilisateurs.

Les systèmes visuels

Si les pages sont encombrées, les utilisateurs ne peuvent pas trouver l'information. Utilisez le regroupement pour aider à cibler les endroits où l'œil devrait se focaliser. Les choses qui sont proches les unes des autres sont considérées comme devoir aller ensemble.

Assurez-vous d'utiliser des polices de caractères assez grandes. Utilisez des polices qui ne soient pas trop décoratives de sorte qu'elles soient faciles à lire.

La recherche montre que les gens utilisent la vision périphérique pour obtenir l'essentiel de ce qu'ils regardent. Les études « Eye Tracking » (http://miratech.fr/eye-tracking/) sont intéressantes, mais ce n'est pas parce que quelqu'un focalise sur un élément qu'il est nécessairement attentif. Les couleurs les plus difficiles à regarder ensemble sont le rouge et bleu. Essayez d'éviter le texte en rouge sur un fond bleu ou vice versa.

Les gens peuvent mieux reconnaître des objets sur un écran quand ils sont légèrement inclinés et ont une perspective légèrement au-dessus (point de vue canonique). La couleur peut être utilisée pour montrer que certains éléments vont de pair. Veillez cependant à utiliser un autre moyen pour montrer la même information puisque certaines personnes sont daltoniennes.

B. Les données disponibles

La plupart des entreprises possèdent déjà des données disponibles pouvant apporter des éléments de connaissance de l'utilisateur. Cela se nomme la **recherche secondaire** car elle s'appuie sur des études (quantitatives et qualitatives) déjà réalisées ou des données déjà récoltées et analysées.

1. Les études

Il est assez fréquent que les entreprises pour lesquelles vous travaillez disposent déjà de données et d'études assez conséquentes. Certaines ont été réalisées par des sociétés externes spécialisées dans le domaine telles qu'Opinion Way, Ipsos, TNS Sofres, BVA... D'autres sont issues des services de l'entreprise, le service marketing par exemple. Il existe aussi de nombreuses études disponibles en ligne que ce soit sur le secteur digital comme le mobile ou sur des secteurs d'activités (assurance, tourisme, restauration de luxe, automobile...). Certaines sont gratuites en échange de vos coordonnées professionnelles, d'autres sont payantes comme Xerfi, CCM Benchmark, Forrester, Médiamétrie, etc. Il est important de consulter ces études pour vous informer sur le secteur et identifier les acteurs et leur part de marché, pour prendre en compte les tendances et les évolutions à venir. Dans l'univers du mobile en constante évolution, il faut vous informer en permanence des parts de marché des OS, des innovations technologiques et des tendances d'utilisation des utilisateurs. Cela vous permettra aussi d'acquérir une expertise afin d'avoir le même niveau d'information que vos interlocuteurs et d'asseoir ainsi votre connaissance sur le sujet.

L'avantage de ces études, c'est que vous trouverez toujours des données sur l'utilisateur et notamment des données comportementales comme les éléments précédemment évoqués pour l'achat sur mobile. Lorsqu'il s'agit d'études spécifiques menées par l'entreprise, il existe généralement une partie concernant la cible avec des éléments de segmentation client. Celle-ci permet de dégager des premiers éléments, même si elle ne vous dispense pas de mener vos propres études clients.

L'ensemble de ces études sont des sources de données fiables communiquées par des professionnels du secteur. Analysez-les et retirez-en tous les éléments nécessaires. Construire une expérience utilisateur optimisée à partir des éléments en place dans l'entreprise permettra également de crédibiliser votre démarche. Si vous capitalisez sur les investissements déjà consentis par votre entreprise, vos utilisateurs seront plus enclins à effectuer de nouvelles recherches, ayant conscience que vous avez déjà exploité l'existant.

2. Les données du net

Internet est devenu un formidable moyen d'expression et finalement un extraordinaire outil de connaissance sur les utilisateurs. Vous pouvez commencer par les réseaux sociaux de type Facebook, Twitter, Ask.fm pour les plus jeunes dont le principe consiste à poser des questions à la communauté ou à répondre à ses interrogations. Il existe une multitude de groupes sur Facebook qui partagent leurs réactions. Bien sûr, les gens ont plutôt tendance à partager leur mécontentement mais répondre en comblant les points négatifs des utilisateurs représente d'excellentes opportunités. C'est ce qu'a fait Uber en repensant la relation taxi. Twitter est aussi très pertinent. Vous pouvez également effectuer des recherches à travers les hashtags qui vous intéressent. Des hashtags existent pour partager ses mauvaises expériences utilisateurs #wtfux #badux.

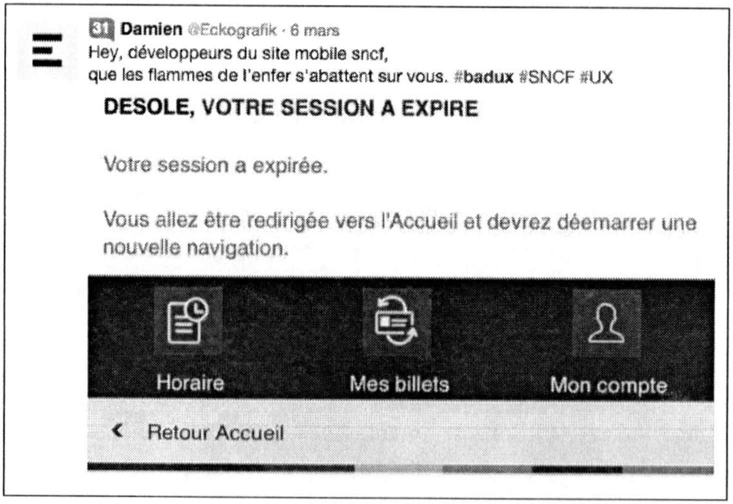

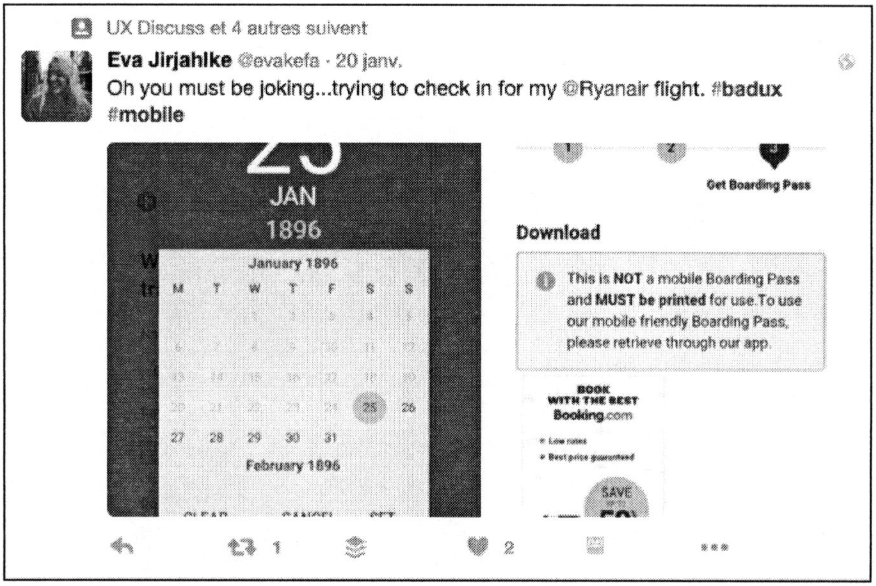

Les forums, les blogs ou le site de microblogging Tumblr comportent aussi des éléments intéressants à exploiter, mais la recherche peut s'avérer assez fastidieuse. Pour les projets touchant un domaine d'activité particulier, les sites spécialisés comme Doctissimo, TripAdvisor, Magicmaman... sont riches en apprentissages.

De nombreuses entreprises ont également lancé des projets de sites visant à recueillir les avis et les idées de leurs utilisateurs. C'est le cas d'Orange qui a lancé son site collaboratif *Imagine with Orange* (http://bit.ly/UXMobileOrange) où vous pouvez visualiser toutes les idées dans différents domaines d'activités comme ci-dessous le paiement mobile.

Site collaboratif : Imagine with Orange

Essayez également d'analyser le champ sémantique dans lequel vous investiguez. Les gens étant à la recherche d'informations, ils ont comme premier réflexe de rechercher sur Google. À travers l'outil Tendances des recherches (http://www.google.com/trends/?hl=fr), Google vous permet d'analyser les expressions de recherche spontanée.

Quel que soit votre sujet, prenez le temps d'effectuer ces recherches sur Internet et documentez votre travail grâce à des outils tels qu'Evernote qui vous permettra de recenser des liens, des pdf, des photos, des captures d'écrans, des prises de notes... en un seul endroit.

3. Les statistiques de votre site/application

Dans tous les cas, que votre projet consiste à refondre ou à faire évoluer votre application mobile ou votre site pour le passer en mobilité, il est utile de consulter les statistiques à votre disposition.

Votre site ou votre application comporte forcément des données statistiques d'utilisation, il peut s'agir d'AT Internet, Google Analytics, Web Trends, Omniture, Flurry... La plupart de ces outils demande une maîtrise approfondie pour réussir à en extraire des données pertinentes. Que vous possédiez cette expertise ou que vous fassiez appel à un tiers pour vous aider à extraire les données, vous pouvez en ressortir des informations sur vos utilisateurs.

C. Les interviews

L'entretien est une technique d'enquête qualitative fréquemment utilisée dans les recherches de type sociologique. Il permet d'orienter en partie le discours des personnes interrogées autour de différents thèmes définis au préalable par les enquêteurs et consignés dans un guide d'entretien. L'objectif est de connaître et de comprendre l'utilisateur. Il existe deux types d'entretiens : l'entretien semi-directif et l'entretien libre.

1. L'entretien semi-directif

L'entretien semi-directif est le plus fréquent : il consiste à rédiger un guide d'entretien qui compte une trentaine de questions maximum. Il vise à cerner les habitudes, les comportements, les attentes et les problèmes rencontrés par un utilisateur.

Élaborer votre guide d'entretien

Établir le guide d'entretien dépend essentiellement de la nature du projet. Il y a néanmoins certains éléments fondamentaux. Le guide d'entretien est généralement introduit par un rappel de l'étude et de son déroulement. Des questions de départ sont posées pour situer votre interlocuteur et son usage mobile. À noter l'importance de la première question qui doit être une question ouverte pour mettre à l'aise l'interviewé. Les questions finales doivent également être ouvertes pour recueillir ses suggestions et obtenir une vision de la manière dont il considère les choses. Entre ces deux parties, c'est à vous de construire vos questions en fonction de votre projet pour recueillir les comportements habituels des utilisateurs ainsi que leurs priorités et besoins. Cela vous permettra également de comprendre leur état d'esprit en écoutant leurs propos, en appréhendant leur contexte et leurs points de friction.

Les thématiques abordées peuvent être rédigées sous forme de questions ouvertes. Chaque question ou thématique correspond à un objectif de compréhension ou de connaissance précis.

Attention à la formulation des questions, elles doivent permettre à l'interlocuteur de s'exprimer, la forme du récit est préférable au questionnaire. Exemple : « *Pouvez-vous me raconter/m'expliquer comment... ?* ».

En réalisant un guide d'entretien de qualité, vous gagnez du temps sur le traitement des informations, notamment en matière de tri et d'analyse des données car vous réduisez le risque de récolter des informations inutiles.

Le déroulement de l'entretien

Vous pouvez réaliser l'entretien avec seulement comme matériel du papier et un crayon, mais la prise de notes ne remplace jamais l'enregistrement, bien plus précis. Il convient également d'expliquer l'utilité de l'enregistrement auprès des interviewés (respect de l'anonymat maintenu et fidélité des propos).

La relation avec l'interviewé est une attitude complexe qui ne va pas nécessairement de soi, elle est basée sur trois dimensions interdépendantes : l'empathie, l'acceptation et la non-directivité et oscille en permanence entre proximité (intérêt pour les propos de l'interviewé, curiosité sans préjugé, engagement dans le discours) et distance (contrôle des émotions, des propos et de l'attitude de l'enquêteur).

L'entretien libre

L'**entretien libre** se focalise sur un nombre très limité de questions et laisse libre court à la parole de l'interviewé. Il s'agit plus d'une conversation guidée et, pour ce faire, le talent de l'animateur est essentiel puisqu'il consiste à écouter activement l'utilisateur afin de repérer les éléments importants pour rebondir sur des associations d'idées ou poser des questions plus précises destinées à approfondir la discussion.

2. L'échantillonnage : qui rencontrer ?

Tout dépend des questions que vous vous posez. Plusieurs personnes peuvent répondre. Interrogez les utilisateurs finaux, les experts, les personnes qui sont en contact direct avec les clients.

Les utilisateurs finaux

Ils sont généralement interrogés en priorité pour la simple raison que ce sont eux qui utiliseront votre application ou votre site mobile. Les utilisateurs finaux sont tout particulièrement appropriés dans les cas suivants :

- Lorsqu'il existe déjà une application ou un site mobile que vous souhaitez refondre ou améliorer et que vous pouvez contacter les utilisateurs.
- Lorsque le public que vous visez est relativement bien identifié, que les clients ont déjà souscrit un produit sur votre site Internet et que vous souhaitez lancer le m-commerce.

- Lorsque vous avez le temps de réaliser suffisamment d'entretiens pour obtenir un échantillon représentatif de différents types d'utilisateurs (clients occasionnels ou fidèles, prospects, professionnels ou particuliers...).

Les experts

Interviewer les **experts** de votre entreprise a un double intérêt : cela donne l'occasion d'impliquer les ressources internes dans le projet dès la phase amont ce qui permettra en phase de déploiement de gagner en efficacité ; c'est aussi la possibilité de recueillir de précieuses informations sur les attentes des clients. Les experts peuvent être des responsables de services aussi bien des départements marketing, commercial, réclamations ou juridique. Tout dépend de votre problématique de départ mais chacun vous apportera un point de vue différent qui vous donnera une vision d'ensemble plus précise. Il est également intéressant d'interviewer une personne présente depuis de nombreuses années dans l'entreprise et qui y a occupé différents postes.

Le service client

La direction des projets mobiles est rarement issue de l'opérationnel. Il s'agit de la direction digitale, quand elle existe, la direction marketing ou commerciale mais également, et c'est encore le cas dans certaines entreprises, de la direction du système d'information. L'équipe dirigeante est donc bien éloignée de l'opérationnel et dans la construction de l'expérience utilisateur mobile, en plus d'interroger vos utilisateurs, il faut aussi se reconnecter au métier. Ce sont ces personnes mêmes qui sont au contact, souvent quotidien, de vos clients. Elles connaissent leurs problématiques et vous en diront parfois plus que les entretiens utilisateurs que vous pourrez mener. L'idée n'est pas d'opposer ces deux méthodes mais bien au contraire de profiter de leur complémentarité. Si votre entreprise bénéficie d'un service client, ce sont ces personnes que vous devez interroger : elles sont une source d'informations et d'idées non négligeables, peuvent également vous permettre d'optimiser les processus opérationnels et être un atout dans l'expérience utilisateur mobile.

3. Le Focus Group

Le **Focus Group** est une méthode de recherche qualitative qui réunit un groupe de personnes interrogées sur leurs perceptions, leurs opinions, leurs croyances et leurs attitudes envers un produit, un service, un concept, une interface, une idée... Cette technique a été créée aux États-Unis par le sociologue Robert K. Merton (https://en.wikipedia.org/wiki/Robert_K._Merton).

À la différence des entretiens qui peuvent être menés en « one to one » ou en groupe, cet exercice est pratiqué uniquement en groupe de cinq à dix participants, l'objectif est de récolter les opinions et le ressenti des utilisateurs à propos d'une interface, d'une fonctionnalité ou d'un service.

4. Transcription et analyse des entretiens

Afin d'effectuer l'analyse, il faut réécouter la rencontre. La plupart des chercheurs retranscrivent leurs interviews. C'est la partie la plus fastidieuse et aussi la plus complexe. Le premier intérêt d'avoir un enregistrement de l'entretien est qu'il permet de dépasser nos « impressions » à l'issue de l'entretien. Celles-ci peuvent être fondées sur quelques moments marquants ne correspondant pas nécessairement à l'essentiel de ce qui a été dit (nous sommes souvent marqués par des détails, des gaffes...). L'enregistrement permet de pallier cette dimension émotionnelle de l'entretien.

En fonction de votre temps et de votre budget, vous avez le choix entre la **retranscription** partielle ou complète. La retranscription partielle consiste à utiliser vos notes et à écouter la bande-son pour reprendre quelques verbatim qui illustrent particulièrement un état d'esprit ou un contexte. Néanmoins si vous pouvez vous le permettre, faites appel à un prestataire (exemple de société http://www.stmc-services.com/fr/transcription-enregistrement-audio/) pour la transcription, le coût se situe aux environs de 100 € HT de l'heure.

Lorsque vous avez finalisé la transcription, distinguez dans le texte les différents éléments comme les faits (comportement, tâche), la perception ou le ressenti (l'impression) et les opinions (croyance, valeur).

Afin d'identifier facilement les résultats des entretiens, vous devez tout d'abord catégoriser vos utilisateurs en fonction de leurs comportements et de leurs motivations. Puis, pour vous permettre de visualiser efficacement les résultats, vous pouvez représenter l'expérience sous forme de courbe comme le propose Eric Reiss (spécialiste en stratégie de contenu, auteur, consultant PDG de FATDUX Group). Identifiez tous les éléments positifs et négatifs pour dessiner une courbe d'expérience dans un parcours-type. Le graphique met alors en lumière les éléments positifs et les points de friction des parcours.

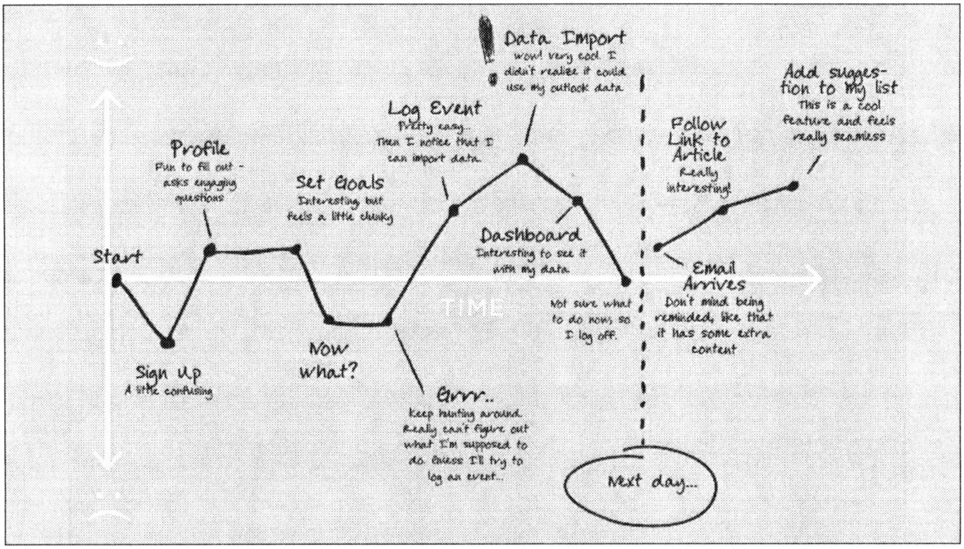

Courbe de l'expérience par Eric Reiss

D. Le shadowing

Le **shadowing** consiste à observer l'utilisateur dans son contexte, lors de son interaction avec l'application ou le site mobile. Il est utile de recourir à cette méthode d'observation de terrain car il existe toujours un décalage entre ce que les utilisateurs déclarent et ce qu'ils font vraiment. C'est d'autant plus avéré avec le mobile qui est fortement utilisé dans un contexte en mobilité. Ce décalage peut être dû au fait que l'utilisateur n'a pas nécessairement envie de communiquer sur ses petites manies ou travers de peur d'attirer la critique, surtout dans un groupe hétérogène. Mais il arrive que certains décalages puissent être également inconscients.

Comme nous l'avons vu, la mémoire de l'utilisateur et sa façon de la reconstruire à chaque fois qu'il a besoin de se remémorer un événement fait que celui-ci peut oublier ou minimiser certains aspects de son expérience. La perception du temps est extrêmement variable en fonction du contexte : par exemple, en retard à un rendez-vous, la nécessité de connaître en quelques secondes le prochain train au départ vous semblera essentielle. Ainsi, chercher l'information au sein d'une application et attendre le chargement des données pourra vous rendre impatient en très peu de temps. A contrario, si vous préparez votre trajet pour le lendemain chez vous, devant la télévision, la notion du temps n'est plus la même et l'impatience ne se fera pas nécessairement ressentir. Après coup, les estimations des durées ont toutes les chances d'être faussées, car elles sont influencées par un état d'esprit.

Il ne faut donc pas se reposer exclusivement sur les déclarations des utilisateurs. L'observation est un bon moyen de comprendre un contexte. Il s'agit d'observer les gestes, les habitudes, les contournements que l'utilisateur utilise quand une fonctionnalité n'est pas présente.

En ce sens, le shadowing issu du mot « ombre » en anglais consiste à se faire discret « comme une ombre » pour observer l'utilisateur et son écran sans interagir avec lui, dans ses déplacements, lors de l'utilisation de son mobile. Il existe différentes méthodes de shadowing. Vous pouvez suivre plusieurs utilisateurs sur une durée courte dans leur contexte d'utilisation ou alors suivre une personne dans toutes ses activités au cours d'une journée.

Pendant le suivi, il est essentiel d'enregistrer tous les moments et les durées, de documenter votre travail : prises de notes, prises de vues, enregistrements vidéo...

E. Design Probes

La méthode **Design Probes** a été conçue par Gavern, Dunne et Pacenti entre 1997 et 1999 dans le cadre du projet Présence. Ce projet avait pour but l'étude des personnes âgées et leur intégration dans leurs communautés locales. Les questionnaires étant très fastidieux à administrer et les chercheurs ne pouvant pas mener des observations à distance, ils ont eu l'idée d'introduire de petits kits d'objets insolites accompagnés de tâches à réaliser de nature amusante et inspirante.

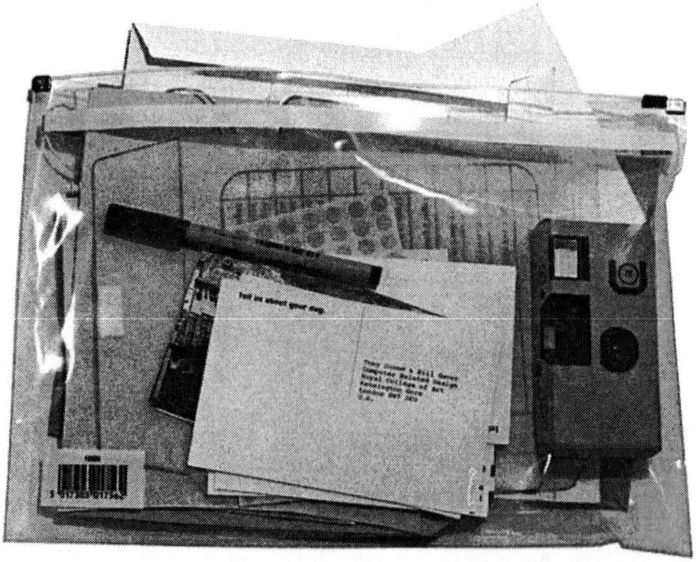

Kit « Design probes » du projet Présence

Voici le détail du kit du projet Présence :

Cartes postales avec les questions suivantes :

- Donnez-nous un conseil ou dites-nous quelque chose d'important pour vous.
- Qu'est-ce que vous aimez à (ville)... ?
- Quelle place l'art a-t-elle dans votre vie ?
- Parlez-nous de votre appareil préféré.

Cartes topographiques :

Montrez les endroits où...

- Vous allez pour rencontrer des gens
- Vous allez pour être seul
- Vous aimez rêvasser
- Vous aimeriez aller mais vous ne pouvez pas

Appareil photo :

Prenez une photo de :

- Votre maison
- Votre tenue d'aujourd'hui
- La première personne que vous allez rencontrer aujourd'hui
- Quelque chose de désirable
- Quelque chose d'ennuyeux

L'effet fut très bénéfique et le dialogue entre chercheurs et participants a pu se faire simplement et collecter ainsi des données précieuses sur leur vie, leurs craintes ou leurs espoirs. Cette technique est très pratique si vous souhaitez comprendre en profondeur la culture et la vie des utilisateurs et permet de recueillir de l'inspiration plutôt que de l'information en engageant les utilisateurs dans le processus de conception. Les utilisateurs seront plus enclins à vous transmettre des informations d'ordre personnel et cela vous permettra d'entrer dans l'intimité de vos utilisateurs.

Voici quelques idées les plus utilisées :

- **Un appareil photo jetable** : accompagné d'instructions sur les photos à prendre, vous pouvez customiser l'emballage commercial.
- **Des probe cards** : avec une phrase à compléter ou des consignes pour décrire ou dessiner une situation. Elles peuvent prendre la forme de cartes postales que vous affranchirez afin qu'elles soient postées facilement.
- **Un hastag ou blog** : vous pouvez utiliser les réseaux sociaux pour collecter des données comme créer un hastag par sujet et demander aux gens de tweeter leurs idées/images ou créer un blog dédié comme Orange.
- **Un dictaphone** : l'utilisateur pourra quand il le souhaite enregistrer ses pensées ou des sons de son environnement.

- **Du matériel à dessin** : passer par l'image plutôt que par le mot est aussi une manière différente de recueillir de l'information en dessinant par exemple un idéal d'objet, de situation.
- **Des cartographies** : des cartes topographiques permettant d'annoter avec des gommettes l'environnement des utilisateurs, en notant les endroits qu'ils aiment, évitent, qui les font rêver...
- **Un journal de bord** : son contenu peut être libre ou contenir des instructions avec des choses à écrire ou dessiner.
- **Des objets surprenants** : intégrer un ou des objets uniques. Par leur esthétique, leur côté ludique ou surprenant, vous pourrez favoriser l'inspiration.

La phase d'analyse de ces résultats ne repose pas sur une méthode empirique, elle doit être une source d'inspiration et vous permettra de vous plonger dans l'univers de vos utilisateurs. Utilisez les données brutes et interprétez-les de manière subjective. Vous vous imprègnerez ainsi du vécu des utilisateurs en essayant de trouver des schémas, des exceptions, des détails.

F. Le benchmarking

Le benchmarking est une technique marketing du début des années 80. Sa traduction naturelle pourrait être « étude comparative ». En apprenant que les Japonais ont comme principale source d'inspiration l'échange des bonnes pratiques, Rank Xerox décide alors de se comparer à ses concurrents excellant dans le domaine visé. Ainsi est né le benchmarking qui s'est depuis largement répandu à toutes les entreprises. L'idée est donc d'analyser la concurrence directe et indirecte afin d'y déceler les meilleures pratiques.

Bien sûr, l'idée n'est pas de collecter tous les sites ou applications mobiles de vos concurrents. Vous vous retrouveriez avec des documents recensant bon nombre d'idées banales et sans grand intérêt. L'idée générale est que le problème que vous vous posez a peut-être déjà été résolu de façon efficace, voire originale, par d'autres avant vous. Le recours au benchmarking vous permet de vous constituer des pistes à explorer.

Concrètement, il vous faut d'abord cibler les différentes problématiques que vous rencontrez en définissant clairement chacune d'entre elles. Imaginons que vous ayez une problématique concernant la création de compte de votre application ou site mobile, vous allez rechercher les meilleures pratiques dans ce domaine. Bien sûr, vous intégrerez les leaders du m-commerce que sont Voyages-Sncf ou Vente privée par exemple. Mais la problématique de création de compte ne concerne pas uniquement des sites marchands : intégrez à chaque fois d'autres univers et sortez des sentiers battus. Toujours dans cet exemple, vous pourriez intégrer dans votre benchmark les applications Snapchat, Candy Crush, Wunderlist...

Pour benchmarker l'univers du mobile, il faut aussi savoir rechercher sur d'autres sites que vous n'avez peut-être pas l'habitude de consulter. Voici une liste non exhaustive à utiliser pour vos benchmarks :

- **App Annie** est une plateforme offrant un service de suivi de mesures et d'analyse pour les applications. Elle recense les applications disponibles sur App Store, Google Play, Windows Phone et Amazon en vous fournissant le descriptif et les copies d'écrans. Vous pouvez effectuer une recherche par nom ou par éditeur d'application : http://www.appannie.com/. Voici un exemple avec l'application Axa Drive d'AXA.

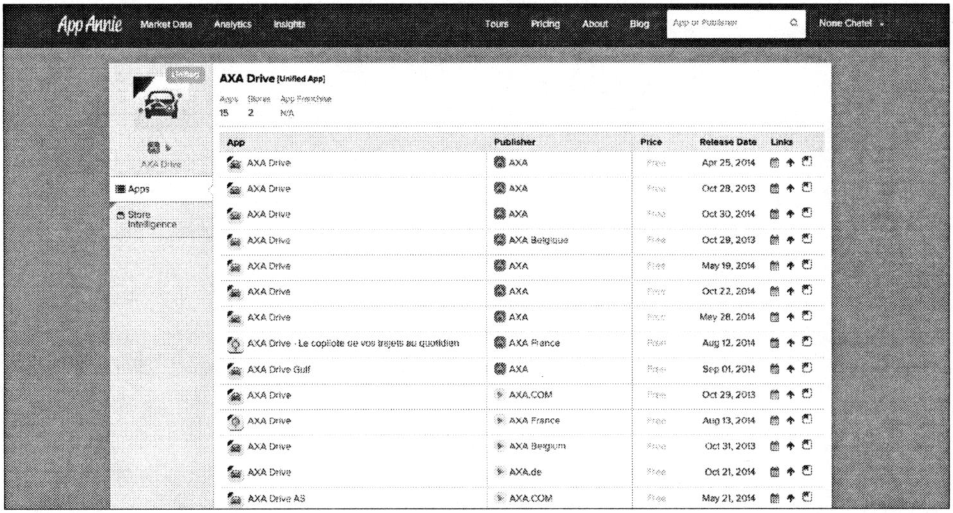

- **Pinterest** est un réseau social qui s'articule autour de murs d'images. C'est un formidable outil qui vous permet de trouver l'inspiration et de dénicher de bonnes idées. Je vous conseille de découvrir le mur de Damien Laureaux qui recense des tableaux catégorisés par type d'interface utilisateur http://www.pinterest.com/timoa/. J'ai également entamé la même démarche à travers différents tableaux d'inspiration https://www.pinterest.com/uxmobile/.

- **Behance** est un site de portfolios de créatifs. Vous pouvez parcourir des millions de projets réalisés par des créatifs comptant parmi les plus talentueux au monde, et ainsi trouver des concepts mobiles très inspirants (https://www.behance.net/).

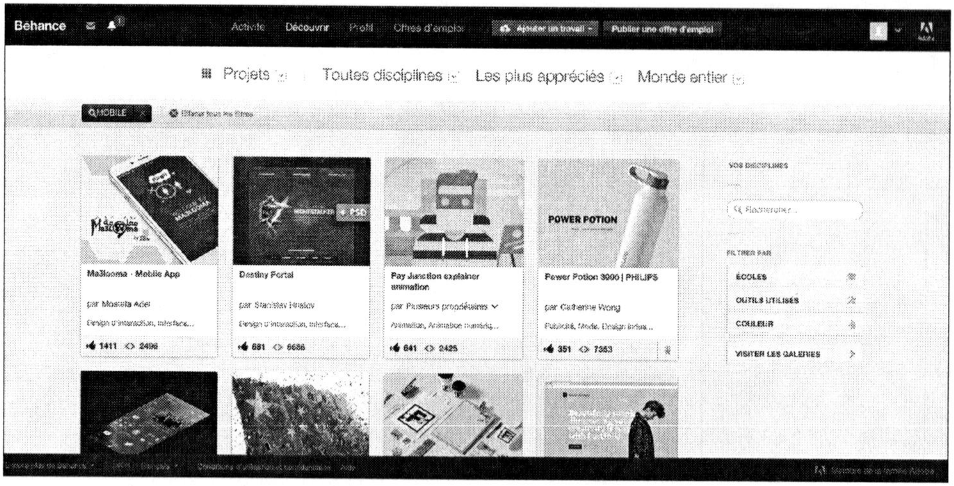

G. L'analyse concurrentielle

Outre le benchmarking, l'**analyse concurrentielle** vous donnera des éléments pour positionner votre produit mobile. Cela consiste à réaliser un audit des systèmes, des services ou des produits concurrents. L'objectif est d'identifier les forces et faiblesses de vos concurrents afin de vous positionner de manière efficace en dégageant une proposition de valeur différenciante. C'est le positionnement unique et différenciant qui donne une expérience remarquable.

Pour commencer cette analyse, il faut identifier qui sont vos concurrents. Cela peut paraître anodin mais il y a de nouveaux entrants sur le marché chaque jour, il faut donc réaliser une veille constante de vos concurrents en place et à venir. Est généralement considéré comme concurrent un produit qui s'adresse aux mêmes utilisateurs que le vôtre et répond aux mêmes besoins. Veillez à ne pas vous restreindre aux seuls concurrents qui utilisent la même technologie ou proposent les mêmes fonctionnalités, si d'autres entreprises répondent aux mêmes besoins mais de façon différente et parfois innovante elles vous concurrencent dans le sens où elles offrent des alternatives aux utilisateurs.

Il est généralement recommandé de se focaliser sur 5 à 10 produits concurrents afin de faire une analyse détaillée. Centrez celle-ci sur l'expérience utilisateur et étudiez les points forts et les points faibles de chaque produit. L'avantage compétitif de chacun sera clairement identifié.

Les données ainsi recueillies seront synthétisées dans un rapport, afin de représenter l'analyse concurrentielle aux parties prenantes de votre projet et permettra d'orienter les choix stratégiques.

Les recherches quantitatives, les benchmarks, l'analyse concurrentielle, sont une activité indispensable et chronophage. Si votre budget vous le permet, des entreprises spécialisées pourront vous accompagner. Néanmoins, si vous avez un budget plus serré, vous pouvez faire appel à des juniors entreprises.

La junior entreprise de l'ESSEC (www.junioressec.com) peut vous accompagner de manière efficace. Une quinzaine de chefs de projets mettent à votre disposition leur disponibilité, leur dynamisme, leur expérience, leur force de travail et leurs compétences afin de répondre au mieux à vos demandes d'études. La réactivité dont ils font preuve nous permet de répondre dans des délais très courts à vos sollicitations et de mobiliser des étudiants rapidement afin de réaliser au mieux vos études.

De même la junior entreprise d'HEC (www.hec-junior-conseil.fr), forte de son réseau international et de ses 43 ans d'expérience, est entièrement gérée par des étudiants HEC, et propose son expertise dans les domaines du marketing, de la stratégie, de la finance, de la communication et de la création d'entreprise.

Chapitre 4

Conceptualisation des idées : l'idéation

A. Introduction

Une fois que vous avez identifié et compris les besoins des utilisateurs, il vous faut trouver des idées (séances d'idéation) et les conceptualiser. Vous allez donc vous servir du matériel récolté précédemment en n'omettant pas les objectifs et problématiques à résoudre que vous vous êtes fixés. Il existe différentes méthodes de travail - séances collectives ou réflexion individuelle - l'idéal étant de mixer les deux pour générer un maximum d'idées. Dans ces exercices, le but n'est pas uniquement de trouver de bonnes idées mais d'élargir le champ des possibles afin de rebondir sur les idées des uns et des autres.

B. Les workshops

Avant de détailler quelques méthodes de travail collaboratif, il est bon de rappeler les éléments clés du succès de ces cessions. Travailler en groupe ne veut pas dire de façon désorganisée, bien au contraire. Pour que le travail s'avère efficace et prolifique il faut diriger et cadrer l'équipe.

- **Animateur** : idéalement, sélectionnez un intervenant externe, un consultant en créativité qui a l'habitude de diriger des groupes de brainstorming. Si la situation ne vous le permet pas, vous pouvez choisir une personne interne qui soit habituée à ce genre d'exercice mais n'ayant pas de lien hiérarchique avec les participants.
- **Participants** : ne vous limitez pas à l'équipe projet, le but du travail collaboratif est de réunir des participants d'horizons variés. L'animateur doit s'entourer de différentes personnalités issues des services internes de l'entreprise comme le marketing, le commerce mais également la comptabilité ou la gestion. Il doit également faire appel à des personnes externes comme un designer, un publicitaire et pourquoi pas un candide, un partenaire, un client.

- **Lieu** : il vous faut choisir un lieu en dehors de votre lieu de travail habituel. En effet, rien de pire pour une session de travail collaborative que de se retrouver dans la salle de réunion habituelle de votre entreprise. Privilégiez un espace éclairé, chaleureux et suffisamment grand pour que les participants puissent se sentir à l'aise. Apportez des bonbons pour l'énergie et des magazines comme source d'inspiration. Vous pouvez aussi décorer la salle des applications de votre benchmark, ajouter les personas...
- **Déroulé** : le déroulé de chaque séance doit être préparé et communiqué à l'ensemble des participants dès le début. Il faut respecter le timing en informant régulièrement et stopper une session si nécessaire, le but étant d'être le plus efficace possible.
- **Règles** : les règles de chaque méthodologie sont également annoncées en début de séance et peuvent aussi être affichées dans la pièce. L'animateur est en charge de faire respecter ces règles.
- **Actions** : le but du travail collaboratif n'est pas un débat d'opinions mais bien une séance de travail. Coupez court aux discussions stériles ou aux dérives n'apportant rien à la problématique. Il faut inciter le groupe à réaliser une action (écrire, dessiner, voter).

Il existe également des solutions en ligne pour vous permettre d'animer des workshops. Workshop it! (http://www.workshop-it.digital/) est une solution digitale d'animation de réunions et brainstormings. Son utilisation est possible via un smartphone ou une tablette pour des réunions efficaces et conviviales. Elle donne aux animations une dimension nouvelle.

C. Les exercices « de chauffe »

Lorsque vous mettez en place des ateliers d'idéation, les participants ne se connaissent pas toujours. Afin de mettre en mouvement une dynamique de groupe, il peut être utile de débuter une séance de génération d'idées par quelques exercices « de chauffe ». Voici deux exercices que vous pouvez appliquer :

L'exercice de la vache

L'objectif est simple, représenter trois modèles économiques utilisant une vache ; demandez à votre équipe de définir un certain nombre de caractéristiques d'une vache (produit du lait, broute de l'herbe, meugle...), puis demandez-leur d'utiliser ces caractéristiques pour inventer un modèle économique innovant. Donnez-leur trois minutes. L'objectif, vous l'aurez compris, n'est évidemment pas de créer un nouveau business model basé sur la vache mais de penser « out the box ». Il a été testé auprès de dirigeants, de financiers, de gestionnaires de risques et d'entrepreneurs, et l'expérience prouve qu'il est extrêmement efficace ! Cela leur montrera qu'il suffit de se déconnecter des schémas établis et de laisser libre cours à la créativité pour générer des idées.

Super-héros

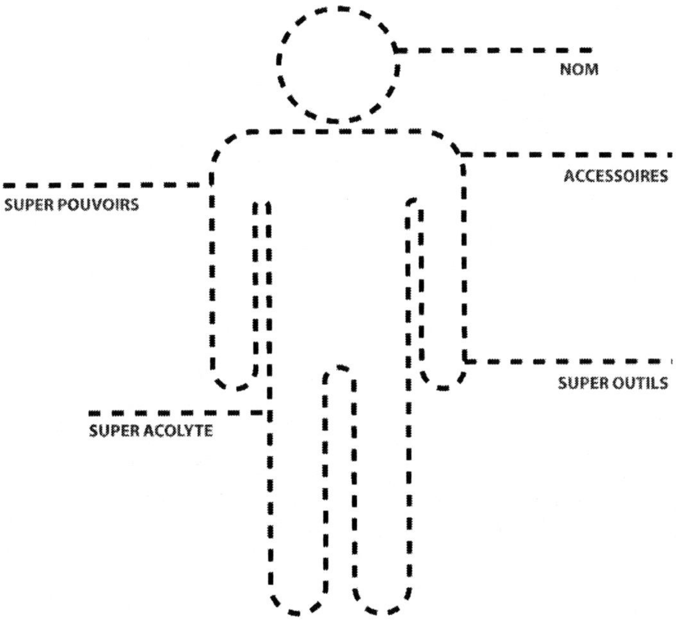

Cet exercice permet de créer du lien entre les membres tout en créant une dynamique projet. Le but de l'exercice est d'imaginer quel super-héros est votre projet. Exemple : vous concevez le super-héros du voyage. Ce super-héros possède des armes secrètes qui permettent de surmonter les choses qui frustrent les voyageurs comme vous et moi. Quelles armes secrètes donneriez-vous à ce super-héros ? Chacun peut compléter avec des post-it ou dessiner directement sur la fiche. Laissez-leur 10 minutes pour compléter le super-héros.

Voici un modèle vierge au format A3 : http://bit.ly/UXMobileHeroe

D. Le brainstorming

Le **brainstorming** est l'une de mes méthodes préférées. Elle a été inventée en 1935 par Alex Osborn, alors vice-président de l'agence de publicité américaine BBDO. C'est une méthode formalisée de résolution créative de problématiques.

Isabelle Izard et Nathalie Cahn (fondatrice de l'agence Happy Monday, réseau de consultants expérimentés spécialisés dans le conseil & la formation en innovation) ont formalisé les quatre règles du brainstorming en les baptisant « CQFD ».

C comme Censure : aucune idée ne doit être censurée ou autocensurée. Les critiques sont interdites entre les participants. À la formulation « votre idée n'est pas réalisable », l'animateur doit substituer la question « comment faire pour la réaliser ? ».

Q comme Quantité : il s'agit de produire beaucoup d'idées, une véritable ruée vers l'or. Il faut creuser, piocher pour découvrir des pépites.

F comme Fantaisie : l'originalité et la singularité sont recherchées. La fantaisie se manifeste plus facilement dans un groupe où l'ambiance rime avec jeux, plaisir, humour, complicité.

D comme Démultiplier : la dynamique créative se fait surtout par association d'idées en rebondissant sur les idées des autres.

Il existe des détracteurs de cette technique. Jonah Lehrer la réfute dans un article publié par The New Yorker en 2012 (http://bit.ly/UXMobileThink) où il évoque un test empirique réalisé par l'université de Yale en 1958 : en opposant deux groupes d'étudiants à une problématique, celle-ci a pu constater que le groupe n'utilisant pas la méthode d'Osborn a obtenu de biens meilleurs résultats. D'autres analyses sont aussi arrivées à cette même conclusion. Pour ma part, j'ai participé à de nombreuses séances de brainstorming en agence ou en entreprise et j'ai toujours été convaincue du résultat. En plus de permettre la formulation de nombreuses idées, c'est aussi un excellent moment de team building, surtout lors d'un lancement de projet.

Si vous débutez dans ce genre d'exercice et que souhaitez organiser un brainstorming en interne, je vous conseille la Brainstorming box (http://bit.ly/UXMobileBbox), un kit complet pour réussir cet exercice.

E. UX cards

Les UX cards, également nommées cartes d'idéation peuvent être utilisées durant les séances de brainstorming, elles aident à stimuler la génération d'idées nouvelles. Parfois il est difficile de dépasser nos fondamentaux, nos acquis. Les cartes d'idéation nous donnent une perspective nouvelle en approchant le problème sous différent angles et en nous faisant sortir de notre schéma de pensée habituel. Il existe une multitude de cartes d'idéation, la plupart disponible en anglais.

Carine Lallemand, Docteur en Psychologie et Ergonomie des IHM, a réalisé un set de cartes en français, ces cartes besoins décrivent les 7 principaux besoins humains (plaisir, sécurité, autonomie, efficacité...). Au recto, chaque carte présente deux visuels opposés positifs et négatifs. Au verso, chaque carte fournit une définition du besoin, les concepts associés, ainsi que des exemples de sentiments ou d'activités liés à ce besoin. Lors d'une séance de brainstorming, vous devez sélectionner de 1 à 3 cartes pertinentes pour votre projet. Générez librement autant d'idées de conception que possible en posant simplement cette question : Comment concevoir notre produit de manière à créer une expérience de (nom de la UX card, par exemple, compétence) ?

Ux Cards de Carine Lallemand

Les cartes d'idéation sont également accompagnées de cartes d'instruction, elles sont disponibles en téléchargement sur le blog UXmind.eu (http://bit.ly/UXMobileCard).

F. Construire les personas

Les **personas** constituent une technique très répandue pour présenter les résultats des recherches utilisateurs. L'objectif est de créer des personnages fictifs qui représentent de façon crédible un groupe d'utilisateurs. Le concept a été inventé par Angus Jenkinson au début des années 90 dans son livre *Beyond Segmentation* (http://bit.ly/UXMobileGFX), lui-même ayant déjà introduit les concepts de « moment of truth » et « touchpoints » dans la gestion de la relation client. Puis, c'est Alan Cooper qui l'a rendu populaire grâce à son livre *The Inmates are Running the Asylum*.

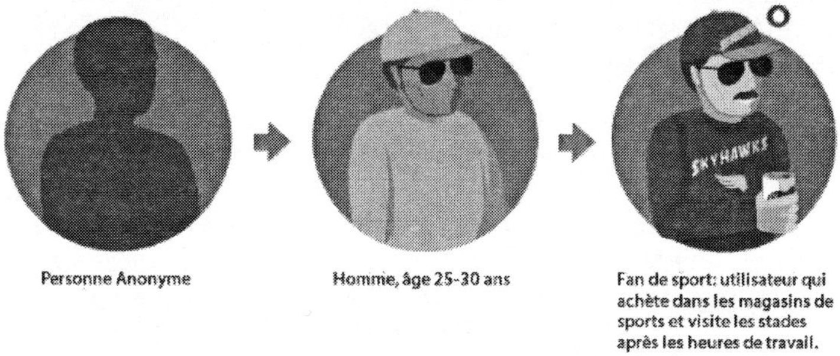

Les fondations d'une expérience utilisateur

Aujourd'hui, les consommateurs sont plus exigeants envers les entreprises. Les clients attendent des produits, services et informations qui sont opportuns et répondent à leurs besoins et désirs spécifiques. Traditionnellement, les entreprises développent et commercialisent des produits basés sur la segmentation du marché et de la démographie, en supposant que les caractéristiques, les fonctionnalités et les messages répondront aux besoins de tous les clients dans ce groupe démographique : une mentalité de « *one size fits all* ». Cependant, comme cela est le cas pour les changements du marché d'un modèle de masse à un modèle de personnalisation de masse, les besoins et les désirs des clients sont identifiés avec plus de précision à travers le développement de personas plutôt que par des données démographiques.

Définition des personas

Un persona correspond à un groupe d'utilisateurs qui présentent des comportements similaires dans leurs décisions d'achat, l'utilisation de la technologie ou des produits, les préférences de service à la clientèle, les choix de vie et ainsi de suite. Les comportements, les attitudes et motivations sont communs à un « type » indépendamment de l'âge, du sexe, de l'éducation et d'autres données démographiques typiques. En fait, les personas couvrent largement la démographie.

Pourquoi construire des personas ?

Les personas jouent un rôle essentiel dans les projets de conception, non seulement parce qu'ils aident les concepteurs à mieux appréhender les besoins des utilisateurs, mais aussi parce qu'ils facilitent l'implication de l'équipe dans le projet et favorisent une synergie positive, ce qui est également une clé de succès dans tout projet.

En un sens ils donnent vie aux utilisateurs, l'utilisateur n'est plus une vague série de comportements, de tendances ou de chiffres, mais il s'agit de Sophie qui a 30 ans, sort beaucoup et est accro à son smartphone ou Paul la cinquantaine qui tente de rester branché techno mais demande l'aide de son fils pour s'abonner à Netflix. Les concepteurs peuvent se faire des images mentales de ces personnages et se mettre littéralement dans leur peau un peu comme un jeu d'acteur. Les personas créent de l'empathie pour les utilisateurs cibles. Pruitt et Adlin (http://bit.ly/UXMobilePersona) de Microsoft appellent ainsi les concepteurs à revenir aux utilisateurs réels, pour que les produits conçus répondent réellement à leurs besoins.

Même si cette méthode est relativement récente, il existe des retours d'expérience concrets. Dans une étude de 2012, Eric Brangier, Professeur en Ergonomie et Psychologie, a démontré que l'usage des personas dans un projet de conception améliore la qualité et la quantité des idées générées. Les idées sont en plus grand nombre, le spectre des idées est plus large, les idées sont plus précises et 50 % des idées produites sont des idées nouvelles (par rapport aux idées émises sans personas). Des idées plus nombreuses et plus créatives pour des produits plus innovants sont des atouts pour se démarquer au travers des millions d'applications disponibles sur les stores.

Comment construire les personas ?

Les personas sont construits sur la base de données réelles, collectées dans la phase de découverte de l'utilisateur présentée précédemment. Généralement il est recommandé de combiner des données issues d'observations directes (entretiens, shadowing...) ainsi que des données secondaires (études, tendances, analytique...). La richesse des données récoltées rend l'exercice difficile, mais cette étape est cruciale pour identifier les personas.

L'analyse est généralement effectuée durant une à deux semaines. Il faut tout d'abord extraire les données brutes, cela consiste à noter les éléments clés pour chaque entretien ou observation. Il faut ensuite identifier les variables, pour cela il faut regrouper les notes collectées et les trier en les regroupant par similarités. Les chercheurs identifient les extrêmes dans le comportement de l'utilisateur et du groupe de répondants similaires. Les modèles de comportement définissent chaque type d'utilisateur et fournissent une compréhension claire de la façon dont ils se rapportent les uns aux autres dans les extrêmes.

En identifiant les extrêmes, une liste de variables clés sera définie et sera représentée sous forme d'échelle comme ceci :

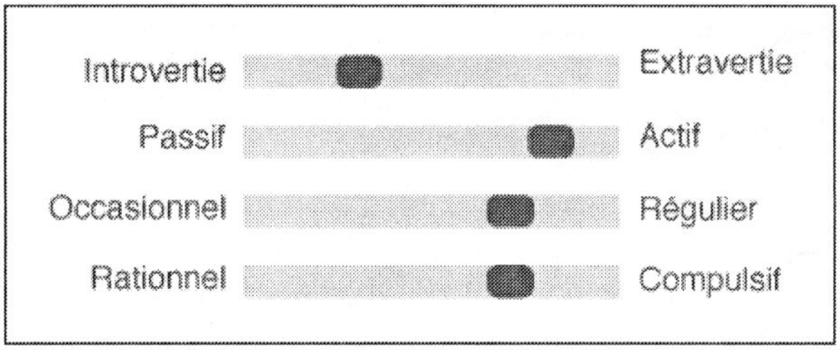

Il faut positionner chaque persona sur cette échelle pour chaque variable. Cet exercice se fait de manière approximative, le principal est de respecter le positionnement par rapport aux autres personas.

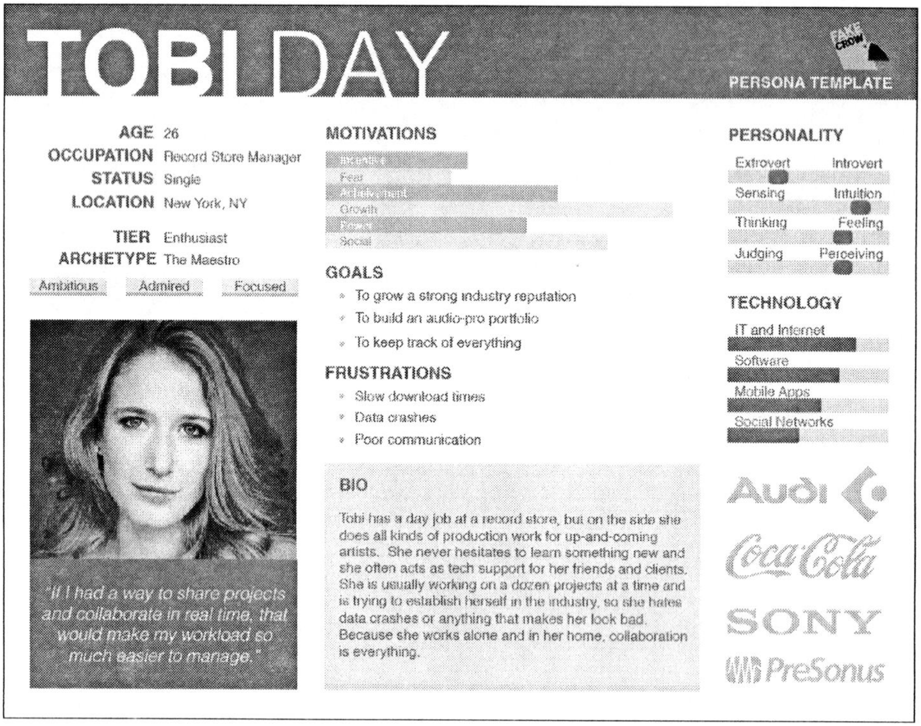

Exemple de persona de Fake Crow (http://bit.ly/UXMobileFakeCrow)

Les principaux éléments d'un persona

Si vous effectuez une recherche rapide sur Google, vous pouvez voir des millions de configurations différentes. Dans l'exemple ci-après réalisé par Silvana Churruca, CX & UX Project Manager pour CaixaCard (CaixaBank) figurent les principaux éléments en commun :

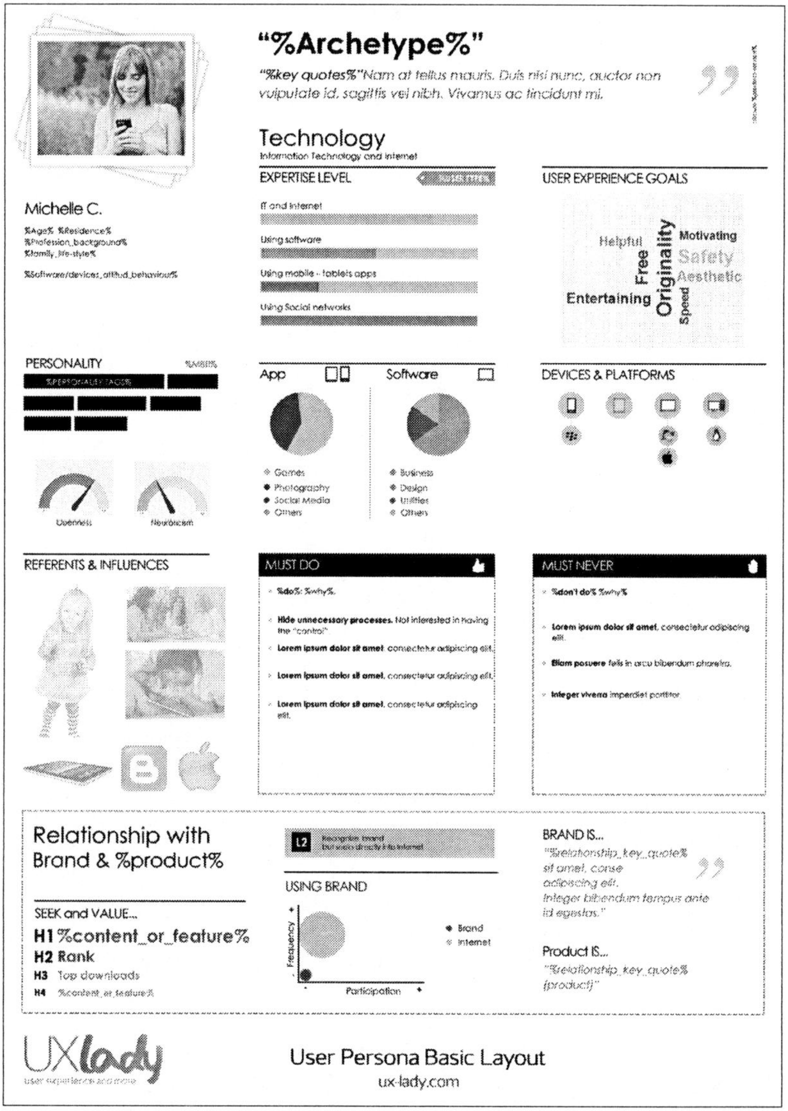

- **Zone profil** : la démographie de base, les informations géographiques et psychographiques sont incluses comme l'âge, le pays de résidence ou la classe sociale.
- **Éléments de la personnalité** : la personnalité est une variable très complexe. Il existe une technique qui vous permet de donner une catégorisation plus ou moins cohérente, basée sur le Myers-Briggs (MBTI : http://fr.wikipedia.org/wiki/Myers_Briggs_Type_Indicator) et incluant des indicateurs et le modèle des Big Five (http://sciences-rh.delemotte.com/2012/02/personnalite-introduction-au-modele-des.html).
- **Expertise** : zone qui décrit l'expertise par rapport au domaine technologique (mobile, Internet...) ; à utiliser en fonction des différentes variables du focus.
- **À faire/À ne pas faire** : cette zone est probablement l'une des plus complexe. Reprendre ce qu'ils attendent et veulent (doivent faire) et ce qui les frustre et les agace (ne doit jamais).
- **Référents & influences** : représente les personnes, les marques et les produits qui influent sur sa relation avec Internet, les ordinateurs et d'autres appareils, les logiciels et applications, etc.
- **Appareils et plateformes** : ce module reflète les appareils et les plateformes avec lesquels le persona est familier.
- **Produit/service utilisés en relation avec le domaine**. Selon le domaine du produit, le service pourrait être par exemple : les logiciels/les applications.
- **Archétype** : c'est une courte dénomination du persona, qui reprend en quelques mots les caractéristiques du persona. Se réfère parfois à des traits de personnalité, d'autres définissent une relation avec le produit-service.
- **Citations clés** : simuler un commentaire de persona ou reprendre le verbatim issu des focus/questionnaires. Cet élément prétend refléter le comportement ou l'attitude du persona en tant qu'utilisateur.
- **Expérience objectifs** : les attentes des utilisateurs et les priorités quand ils interagissent avec le produit/service ou à propos du but poursuivi.
- **Marque-relation** : relation du persona avec la marque et le produit spécifique.
- **Photo** : la touche finale pour votre persona sera une image physique qui illustre la personnalité et le style de vie que possède votre persona.
- **Type d'utilisateur** : à utiliser comme une catégorisation rapide de l'expertise de l'utilisateur en utilisant une échelle à quatre niveaux.

Où commence le développement des personas ?

La première étape est de définir le cycle de vie du client et de comprendre tous les points de contact correspondants. Chaque département aura un responsable attribué qui doit comprendre les personas et sera le point de contact du département afin de fournir une expérience client optimale. Obtenir des décisionnaires au sein de chaque département au début du processus des personas est la clé de la communication des personas et de la connaissance clients de la société à travers toute l'organisation.

C'est une erreur habituelle d'attendre la finalisation des personas avant de commencer le processus de socialisation. Les tentatives de communication dans une organisation sans décisionnaires se heurtent souvent à de la résistance. Faire en sorte que tous les acteurs clés s'immergent tôt dans le processus les implique dans l'information et la compréhension initiale de la clientèle et, par conséquent, contribue à définir la recherche. Pour les garder intéressées, informez ces parties prenantes de l'avancement du projet. Offrez-leur des possibilités de rétroaction pour assurer un persona de qualité, générant ainsi une plus grande adhésion dans toute l'organisation.

Comment optimiser l'investissement dans les personas ?

Les personas peuvent et doivent être partagés et utilisés dans toute l'organisation, notamment pour le développement de différents produits, le marketing, le support client et les ventes. Chaque département peut utiliser les personas : par exemple, les chefs de produit peuvent utiliser l'information pour concevoir un produit qui répond mieux aux besoins ou désirs d'un persona particulier, le service marketing peut les employer pour élaborer des messages qui résonnent. Si le groupe détient des renseignements riches sur ses clients mais qu'il les diffuse seulement auprès d'une business unit en raison de luttes politiques et gesticulations au sein de l'organisation, c'est le moyen le plus rapide pour perdre l'investissement réalisé dans un projet de persona. Le partage et l'optimisation du travail de personas à travers l'ensemble des divisions augmente le retour sur investissement et les coûts initiaux de recherche peuvent être partagés entre les différents budgets.

Les personas doivent également être mis à jour fréquemment. L'innovation et la concurrence peuvent changer de façon significative les attitudes et les comportements des clients de l'entreprise. Afin de garder des personas actualisés, les entreprises doivent conserver un dialogue cohérent avec les clients et s'engager à maintenir les personas comme des documents de vie et de respiration. Un processus centralisé pour communiquer sur les nouvelles études utilisateurs et mettre à jour les personas en conséquent est indispensable. Il faut en général trois personas pour obtenir l'illustration des objectifs et des comportements clés des utilisateurs.

Comment faire si vous n'avez pas de budget personas dédié ?

Si vous ne pouvez pas effectuer les recherches utilisateurs nécessaires pour construire vos personas, vous pouvez appliquer la méthode du proto persona. Le proto persona a la particularité de ne pas reposer sur des recherches utilisateurs primaires comme les entretiens mais est uniquement basé sur la recherche secondaire telle que les études et sur ce que l'équipe extrapole sur les comportements de leurs utilisateurs cibles. Bien sûr il faut utiliser ce mode « guerilla » uniquement quand les contraintes de temps et de budget sont trop limitées, néanmoins à défaut d'autre chose, il vaut toujours mieux utiliser ce proto persona que pas de persona du tout.

G. Value Proposition Canvas

Une proposition de valeur est l'endroit où l'offre-produit de votre entreprise se recoupe avec les désirs de votre client. Elle est l'ajustement magique entre ce que vous faites et pourquoi les gens achètent. Votre proposition de valeur est le point de crise entre la stratégie de l'entreprise et la stratégie de marque.

Lorsque vous commencez un nouveau projet, vous avez besoin d'outils rapides pour vous aider à vous concentrer rapidement afin de gagner en efficacité. Il existe de bons outils de stratégie pour vous permettre de vous focaliser sur l'essentiel. Le Value Proposition Canvas est un principe simple qui permet de naviguer rapidement vers un « minimum viable product » nécessaire pour commencer la construction et les tests. En 2012, Alexander Osterwalder (entrepreneur, conférencier et innovateur de business models) et son équipe ont publié leur Value Proposition Canvas. Le Value Proposition Canvas (http://bit.ly/UXMobileCanva) comprend plusieurs éléments de pensée du mouvement Lean Startup tels que les « pains » et « gains » du client. Il s'agit d'un concept d'Eric Ries qui tend à réduire les cycles de commercialisation des produits, à mesurer régulièrement les progrès réalisés, et à obtenir des retours de la part des utilisateurs.

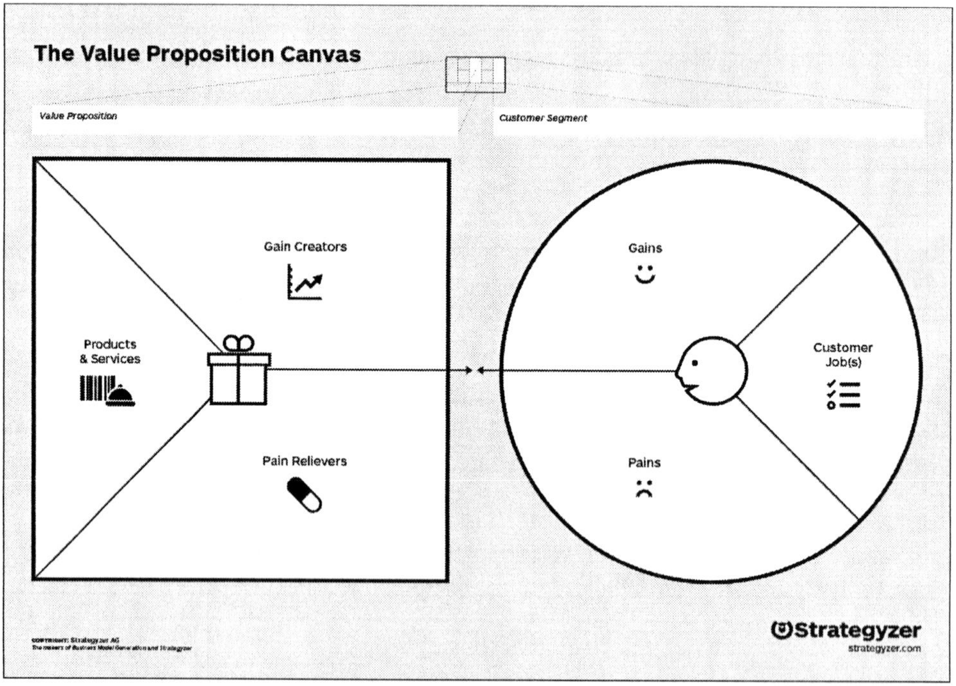

Value Proposition Canvas

Copyright Strategyzer AG www.businessmodelgeneration.com

Le principe est simple : si vous souhaitez concevoir une application mobile pour vos clients, vous devez à travers le schéma ci-dessus trouver le point de vue de vos clients (utilisez vos personas), ce qui leur est difficile dans leur expérience actuelle et ce qui leur apporte une expérience positive. Vous devez également lister tout ce que votre client doit accomplir pour arriver au résultat souhaité. Pour cela, constituez deux groupes homogènes en taille avec des profils différents, chacun des groupes doit jouer le point de vue du client. Vous devez ensuite permuter les deux groupes. Chacun des groupes devra donc trouver des « Gains Creators » et des « Pain relevers », c'est-à-dire des solutions aux problèmes des clients et des améliorations aux expériences positives des clients construites par l'autre groupe. Ceci vous permettra de constituer vos produits et services, dans le cadre d'une application mobile, une liste de fonctionnalités.

Le site Business Model Generation (http://bit.ly/UXMobileBMC) propose une application web vous permettant de réaliser cet exercice mais le post-it peut tout à fait convenir à cet exercice de groupe.

H. Le Six-to-One

Le Six-to-One est une méthode de Cennydd Bowles (Product designer pour Twitter) et James Box (User Experience Director pour ClearLeft). L'objectif est de générer, développer, affiner et choisir des idées. Chaque participant reçoit un modèle de six formes simples, appelé le « six-up », dans lequel il doit dessiner six versions de l'interface dans un temps limité (dix à quinze minutes).

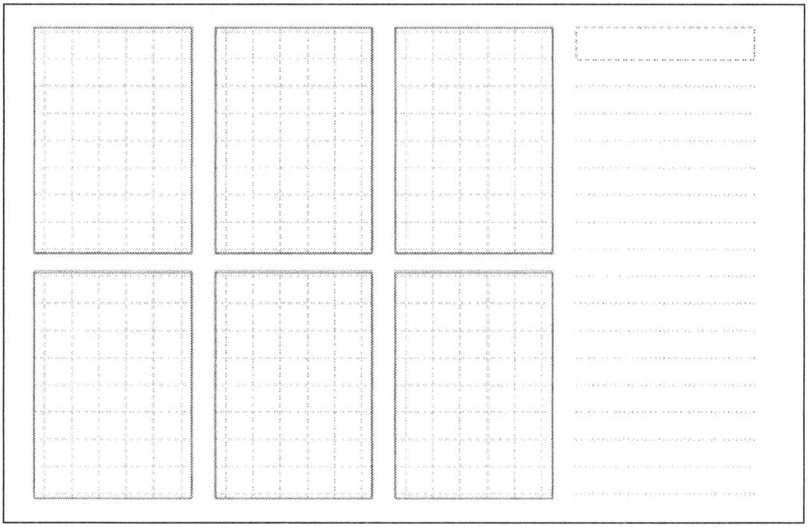

Exemple de six-up

Chaque participant présente ensuite ses propositions toujours dans un délai limité (cinq minutes). Suite aux commentaires, les participants reçoivent un nouveau gabarit, le « One-up », où ils devront cette fois-ci combiner les solutions les plus réussies des croquis précédents et converger vers une solution unique. Le temps reste le même mais le gabarit, plus grand, demande un niveau de détail plus élevé.

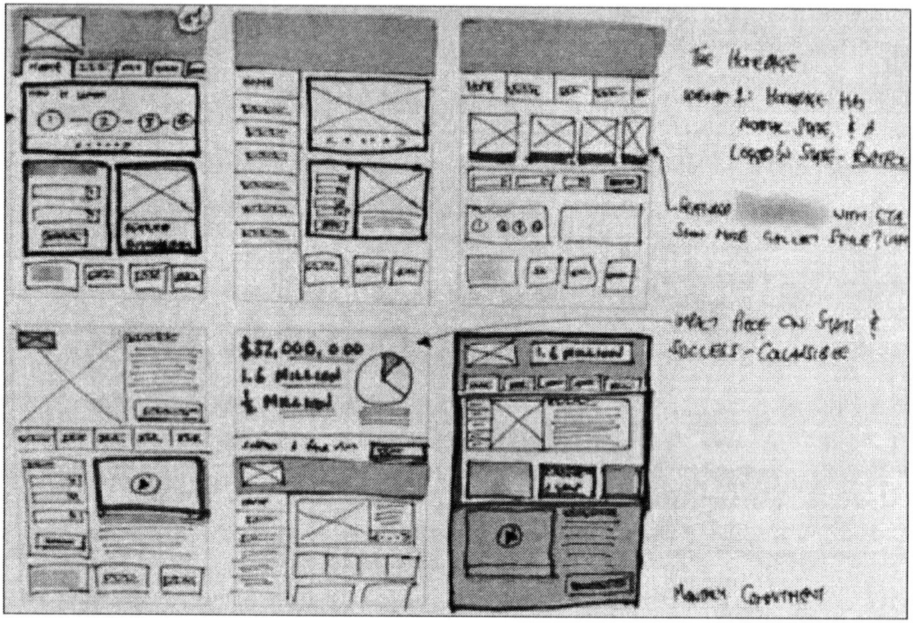

Exemple de six-up complété

À la fin, tous les participants affichent leur croquis et chacun doit commenter sa réalisation. Il s'agit alors de relever les différences et similarités entre les réalisations, ce qui permet ainsi de décider quelles pistes méritent d'être creusées et quelles pistes doivent être écartées.

Cette méthode qui peut se pratiquer à partir de deux participants fonctionne aussi très bien en plus grand nombre. Elle n'est pas exclusivement réservée au designer, mais nécessite néanmoins des professionnels de l'ergonomie. Elle est rapide à mettre en place et permet d'une manière non conventionnelle et ludique de faire émerger de nouvelles idées. Le Six-to-One est une méthode très efficace pour ce qui concerne l'interface mobile, le design d'informations ou la structuration de l'écran.

I. Définir votre contenu mobile

Le sujet du contenu mobile fait toujours débat. Certains pensent qu'il faut alléger le contenu, d'autres considèrent qu'il faut le tronquer et d'autres encore qu'il faut tout afficher. La réponse, finalement, se situe entre ces extrêmes. Comme le souligne Karen Mc Grane, spécialiste UX, auteur du livre *Content Strategy for Mobile*, *« Vous avez un site web ? Alors vous devez migrer votre contenu sur les appareils mobiles. Point barre. »*. On ne peut pas faire plus clair. Bien sûr, cette tâche est parfois complexe et fastidieuse. En effet, vous devez prendre le recul nécessaire pour analyser objectivement votre contenu afin de le structurer pour le rendre plus flexible et plus facilement réutilisable quel que soit le canal. En supprimant le contenu obsolète, inutile ou mal rédigé et en adaptant vos outils et processus pour gérer et entretenir ce contenu, vous bénéficierez d'une meilleure expérience utilisateur et vous aurez aussi optimisé de façon drastique vos coûts.

1. Stratégie de contenu

Optimiser son contenu pour le mobile, c'est avant tout optimiser son contenu tout court. En pensant « Mobile First », vous vous assurez d'une qualité de contenu optimum. Puisque vous ne pouvez pas choisir la façon dont les utilisateurs accèdent à votre contenu, il est important de vous assurer que votre contenu fonctionne à merveille sur tous les dispositifs et plateformes : PC, mobile, réseaux sociaux ou tout autre support.

Je ne préconise pas de créer des stratégies de contenu dédiées à chaque canal sur lequel votre contenu sera publié. Cela serait absurde, ne fonctionnerait pas forcément mieux pour vos utilisateurs et serait extrêmement coûteux, car il serait impossible de planifier et de suivre les stratégies de contenu spécifiquement pour chaque appareil qui existe actuellement.

<u>Allègement du contenu</u>

Il est toujours tentant d'alléger son contenu pour le mobile sous prétexte de vouloir différencier les tâches faites sur ordinateur de celles faites sur mobile. Les utilisateurs veulent accéder au contenu dans tous les contextes et sur tous les terminaux. Ils peuvent aussi bien naviguer sur leur smartphone dans leur salon qu'utiliser leur ordinateur portable dans le train en partageant la connexion 3G de leur smartphone. L'omnicanal est devenu réalité et ne proposer qu'une version réduite de votre site web n'est pas une solution pérenne. Les utilisateurs veulent décider quand et comment ils accèdent à votre contenu.

C'est encore plus décisif pour les détaillants et leurs catalogues de produits. En proposant uniquement une partie de votre catalogue produit, vous complexifiez votre communication client. Il faut expliquer au client qu'un produit est manquant, qu'une partie du catalogue n'est pas présente et le rediriger vers une boutique pour le trouver. Cette mission est bien sûr impossible sur un écran de trois ou quatre pouces, c'est pourquoi il faut avoir tout votre contenu dans la version mobile. En 2013, H&M fournissait un catalogue produits très limité et, par conséquent, faisait vivre l'une des pires expériences d'achat. La chaîne de magasins proposait uniquement dix à vingt produits sélectionnés et la majorité du site mobile était dédiée aux événements et à l'actualité mode. Des tests menés sur ce site mobile ont montré que les gens ne comprenaient pas comment naviguer à travers ce catalogue produits et recherchaient en vain un catalogue plus complet sans jamais se douter que celui-ci était réduit sur le mobile.

Généralement, si les utilisateurs recherchent un produit spécifique sur votre site mobile et n'arrivent pas à le trouver, la plupart en déduira que ce produit n'est pas disponible dans votre marque. Personne ne devinera que ce produit est disponible sur votre site web.

En janvier 2013, Baymard Institute a mené une étude sur 1 500 Américains afin de mieux comprendre les attentes des utilisateurs en matière de catalogue produits pour leur achat mobile. 44 % souhaitaient pouvoir accéder à la totalité du catalogue. Le mobile ne doit plus être traité comme un canal à part entière, c'est juste un écran supplémentaire pour accéder à l'information.

La méthode COPE

Il n'existe pas de formule magique pour vous assurer que votre contenu soit publiable et pertinent sur chaque appareil. Pour qu'il puisse aller partout où il doit aller, vous devez changer la façon dont vous pensez, planifiez et créez du contenu.

Développer une stratégie de contenu mobile n'est pas seulement créer du contenu pour mobiles et tablettes qui soit d'aussi bonne qualité que la version de bureau classique. Comme Sara Wachter-Boettcher l'écrit dans son livre, *Content Everywhere*, il s'agit de créer des structures de contenu flexibles, portables qui vont là où sont vos utilisateurs, sans sacrifier la qualité. NPR, radio publique nationale américaine, est un bon exemple connu pour son approche baptisée COPE « *Create Once, Publish Everywhere* ». Cette station de radio a souhaité se doter d'une stratégie de contenu afin de viser un public plus large en publiant son contenu sur plusieurs plateformes. Son besoin était d'étendre son contenu audio avec des photos, des vidéos et du texte. L'objectif était également de disposer d'un système efficace et rentable tout en le rendant facilement accessible aux journalistes pour leur publication. Une liste au Père Noël en somme, mais qui lui a permis d'élaborer une stratégie de contenu afin que ses publications fonctionnent sur tous les appareils sans qu'il y ait nécessité de créer de nouvelles plateformes d'édition pour chaque type de dispositif ou de dupliquer chaque publication pour chaque plateforme.

La clé de la stratégie était de créer des structures de contenu « affichage agnostique » qui permettent aux journalistes d'utiliser la méthode COPE. Dans la nouvelle stratégie de NPR, les journalistes déposent leurs publications une seule fois à travers un CMS. Chaque article publié sur le CMS a des éléments communs, des titres, des catégories, des tags, des légendes, etc. qui peuvent être affichés ou masqués en fonction du canal et qui sont distribués via une API. De cette façon, les concepteurs de NPR peuvent changer la présentation du contenu pour chaque plateforme sans sacrifier la qualité ou demander à l'équipe éditoriale de modifier ses publications de multiples fois. L'exemple de NPR illustre deux aspects clés du contenu adaptatif : des structures de contenu multiples et une présentation visuelle personnalisée.

Voici un exemple pour mieux comprendre son fonctionnement. L'article sur le nouvel algorithme de Google a été écrit, édité et publié une seule fois sur le CMS de NPR. Grâce au modèle COPE et aux API de NPR, il s'affiche un peu différemment sur différentes tailles d'écran.

L'article sur la page d'accueil du site web de NPR s'affiche de la façon suivante :

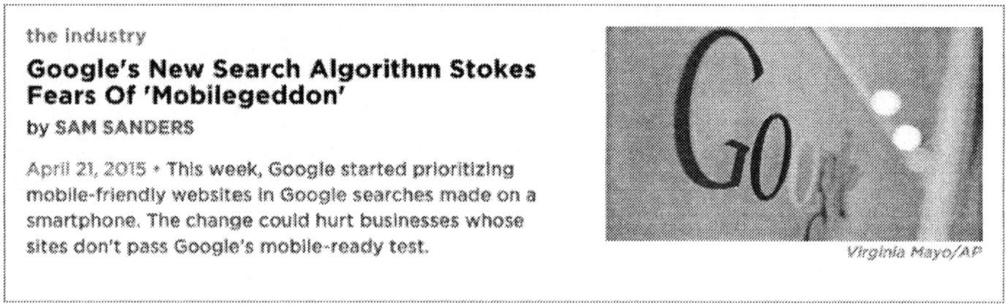

Dans cet article nous retrouvons bon nombre d'éléments :

- catégorie,
- titre,
- nom de l'auteur,
- extrait,
- date,
- image,
- crédits photos.

Maintenant, voici comment l'extrait de ce même article apparaît sur la version mobile et tablette du site NPR :

Vous remarquerez qu'il est quasiment le même, mais à quelques petites différences près : bien que la catégorie soit toujours là, la sous-catégorie et la légende de la photo apparaissent, le compte Twitter du journaliste est présent et l'extrait laisse la place à l'article. Le journaliste a donc publié l'article une fois avec différentes variables. Le même contenu est ainsi présenté, mais certains de ses éléments sont laissés de côté ou réarrangés pour tenir compte de la taille de l'écran.

Afin de créer une stratégie de contenu qui fonctionne, vous ne devez plus raisonner par rapport au support. Au lieu de cela, commencez à créer du contenu qui a une structure, même si elle prend différentes formes.

2. Architecture de l'information

L'**architecture de l'information**, c'est l'organisation du contenu. En ce sens, il faut énumérer l'information, la catégoriser et la structurer en créant des liens entre les pages. Il s'agit de réaliser l'arborescence du contenu et des fonctionnalités de façon à optimiser la navigation pour l'utilisateur.

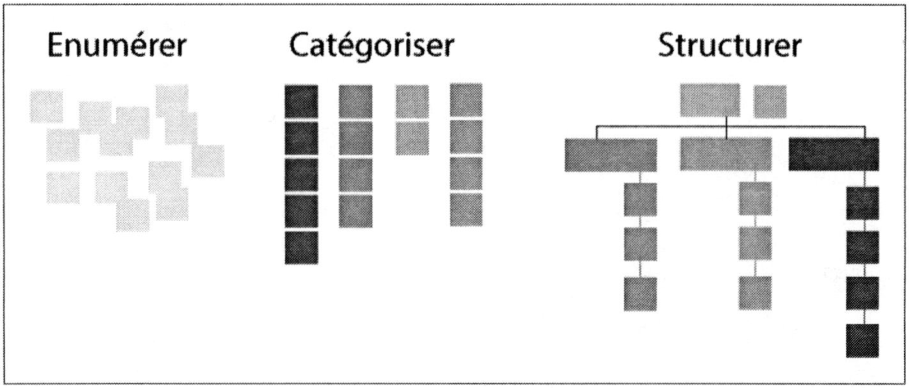

L'architecture de l'information est issue de l'héritage de l'imprimerie qui a ensuite été transmis au Web. Mais le contenu papier est figé alors que le contenu numérique est dynamique, flexible, fluide et actualisé en permanence. Nous devons adapter au mobile le contenu fixé à un seul endroit du site Internet ainsi que l'architecture de l'information et du design de la navigation.

Le mobile propose une taille d'écran réduite qui nécessite une vigilance encore plus accrue sur l'orientation à fournir à l'utilisateur. Pour cela, il faut fournir à ce dernier suffisamment de contexte pour qu'il puisse trouver rapidement et facilement ce qu'il recherche. Il ne s'agit pas de concentrer vos efforts uniquement sur la page d'accueil de votre site ou de votre application mais également sur les pages les plus isolées afin que l'utilisateur puisse s'y retrouver facilement. Une des méthodes est la divulgation progressive, sorte de teaser, qui donne suffisamment de contenu pour avoir envie de découvrir la suite.

Dans les exemples ci-dessus, le Teaser de Sony sur ses appareils photo est plus puissant que celui de Polaroid et évitera de faire des retours en arrière incessants afin de visualiser le produit qui correspond aux attentes de l'utilisateur.

Une des pratiques répandues est de tronquer le contenu. Or, ce n'est pas parce que l'écran est plus petit qu'il faut couper du contenu, pensez Mobile First et concevez vos titres, vos accroches, vos résumés dans ce contexte.

La pagination, pratique héritée du Web, elle-même héritée du livre, n'a plus sa place dans l'univers mobile. Quand le contenu est important, les designers ont souvent peur de pages trop longues et, finalement, les découpent en petits morceaux. Mais, à travers le défilement par un simple glissement de doigt, le mobile permet de longues pages plutôt que des paginations à n'en plus finir.

Les images sont généralement sources de problèmes sur le mobile : pixellisation, images tronquées. Il faut créer des images optimisées pour le mobile. Vous devrez parfois les recadrer pour les adapter aux différents supports. Comme pour le contenu, choisissez vos images en priorité en pensant au plus petit écran.

Bien sûr, si vous avez énormément de contenus, qu'il s'agisse de textes, d'images, de vidéos, d'infographies ou encore d'éléments audio, adapter tout ce contenu pour le mobile peut vous sembler une tâche impossible à surmonter. Pourtant, vous devez le faire, car un jour vous vous rendrez compte que c'est une nécessité.

J. Créer vos parcours clients

L'entreprise fait face à un nouveau défi : comprendre que le client décide quand, où et comment il entre en relation avec la marque. Le parcours client passe par de multiples services de l'entreprise et tout un éventail de points de contact (Web, applications mobiles, réseaux sociaux et centres de contacts). Mais les résultats ne sont guère probants. Isolés et décousus, ces parcours sont souvent interrompus, puis repris sur de nouveaux canaux, voire même sur différents canaux d'un même point de contact. Si la conception de l'expérience client est importante, la gestion du parcours l'est tout autant : le client a pris le pouvoir et pour mieux répondre à ses nouveaux besoins, analyser son parcours client est devenu essentiel.

1. Définition

Le **parcours client** est issu d'une technique marketing de 1977 de Shostack, appelée « Customer Journey Map ». Cela consiste à tracer le parcours d'un client cible (persona) en lien avec un produit ou un service, depuis le moment où un besoin apparaît jusqu'à l'achat et l'utilisation du produit ou du service.

Avant la digitalisation du parcours client, le modèle était simple. Le faible nombre de canaux entraînait un parcours client relativement similaire pour tout le monde. Ce parcours d'achat allait du contact avec la marque (Awarness) jusqu'à la fidélité (Loyalty) en passant par l'intérêt (Consideration). Avant, les canaux impliqués par un tel parcours client étaient limités : l'information se trouvait dans les médias (affiche ou publicité) ou les magasins (recherche d'information, SAV...). Peu de canaux signifiait aussi moins de moyens de perdre le client. Pratique.

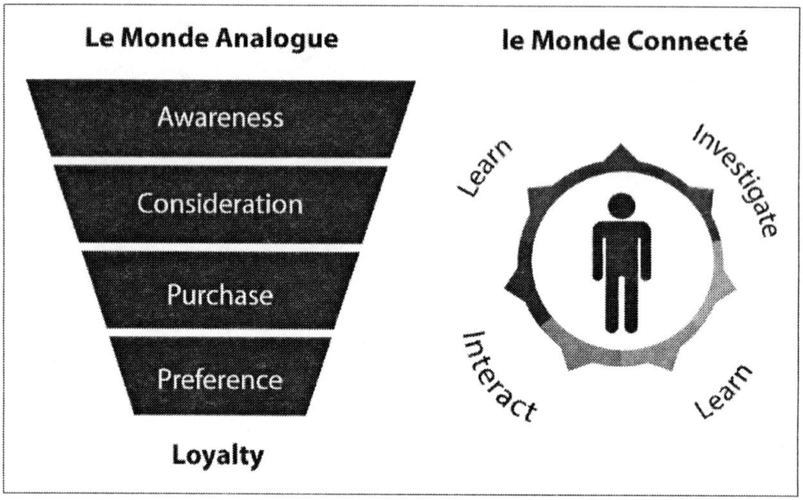

Aujourd'hui, Internet est là et tout a changé : les canaux se sont multipliés, la conversation s'est recentrée autour du consommateur qui peut désormais se faire entendre par bien plus de monde, bien plus vite (notamment grâce aux réseaux sociaux) et les habitudes de consommation ont évolué (e-commerce, m-commerce...). Aujourd'hui, notre parcours, pourtant linéaire dans le temps, a acquis une complexité nouvelle puisqu'il doit s'adapter au nombre croissant de canaux disponibles.

Lors de la mise en place de l'expérience utilisateur, la définition du parcours client est un élément essentiel puisqu'il vous indiquera les différents canaux où les interactions client auront lieu. Grâce à cette schématisation, vous pouvez prévoir les différents comportements de l'acheteur potentiel et ainsi préparer des solutions d'attaque ou de défense pour empêcher un éventuel abandon. Selon Philippe Colin, directeur de l'offre Transformation numérique chez EI-Management, « *Aujourd'hui, 25 % seulement des entreprises auraient commencé à modéliser le parcours client numérique* ». En mars 2015, iVentures Consulting a présenté les résultats d'une analyse du parcours client digital intitulée *eShopper Index* (http://www.slideshare.net/aureliaa/eshopper-index-1015-report-free). Cette étude portait sur 111 e-commerçants tels qu'Amazon, Zalando, la Fnac et décomposait le parcours client en 14 étapes, avant, pendant et après l'achat, en évaluant au total 250 critères sur l'ensemble du parcours.

À travers cette étude, notons des points spécifiques du m-commerce, notamment :

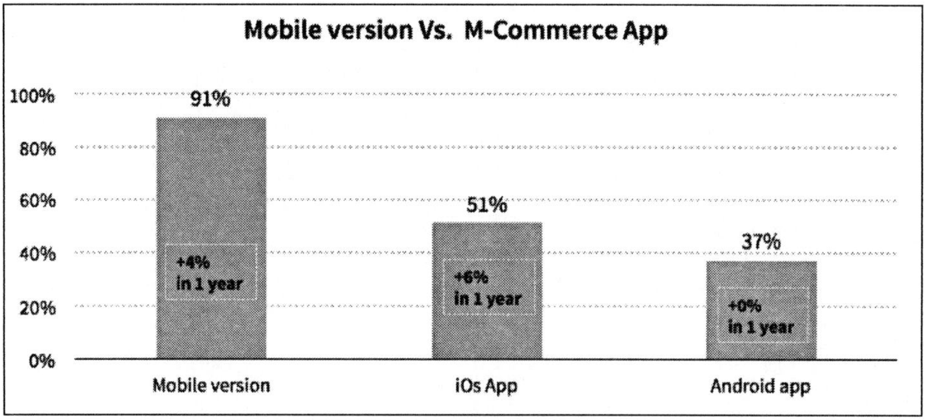

- Le m-commerce est désormais une réalité avec 50 % des acteurs ayant une application iOS (+ 6 % vs 2014) et 37 % sur Android (+ 0 % vs 2014).

Le top 5 des fonctionnalités m-commerce sont les notifications, la mise en avant des offres spéciales, la localisation de magasins, le scan de code barre et la section éditoriale.

- Les innovations mobiles concernent principalement des fonctionnalités liées au magasin, telles que le paiement, les offres spéciales à utiliser en magasin, des informations (plan, nouveautés, événements...), le contact avec le service client, etc.

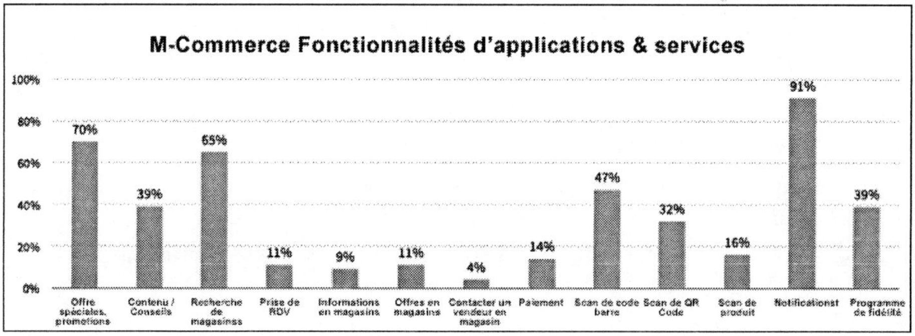

Finalement, il reste encore beaucoup de place pour l'innovation m-commerce et construire des parcours clients innovant en mobilité peut faire une nette différence dans un univers très concurrentiel.

2. Quand créer un parcours client

Il existe deux scénarios pour lesquels la création d'un parcours client est nécessaire :

- **Développement produit** : vous pouvez créer un parcours client quand vous souhaitez développer une solution « from scratch » (en partant de zéro). Par exemple, vous souhaitez implémenter le m-commerce dans votre application.
- **Analyse** : vous pouvez créer votre parcours client pour déterminer plus facilement les éléments qui ne fonctionnent pas. Par exemple, quand le tunnel d'achat est confus et doit être revu pour optimiser les conversions.

Développement Produit

Des parcours clients doivent être créés quand vous développez un nouveau produit ou un nouveau service. Ils vous permettent de comprendre les fonctionnalités dont l'utilisateur a besoin pour faire en sorte d'y répondre correctement.

Il convient de développer les parcours clients une fois que vous avez solidement construit les personas sur lesquels vous pouvez vous baser ; ils vous informeront et vous aideront à construire un parcours client optimum. Pour vous assurer que votre parcours client est optimisé, vous devez explorer plusieurs parcours clients, des parcours par persona mais également différents scénarios. Par la suite, vous pouvez ainsi tester des parcours clés comme le tunnel d'achat.

Analyse

Les parcours clients sont d'excellents documents à produire afin de comprendre l'existant et ce qui ne fonctionne pas. Ils vous permettent de prendre du recul par rapport à une analyse page par page afin de visualiser le parcours dans son ensemble. Ceci peut être fait de différentes façons :

- Vous pouvez construire votre parcours client actuel et décrire les points positifs et les points négatifs (voir schéma ci-après),
- Vous pouvez montrer comment votre parcours doit être adapté aux besoins de l'utilisateur,
- Vous pouvez montrer comment votre parcours peut être étendu à de nouveaux parcours.

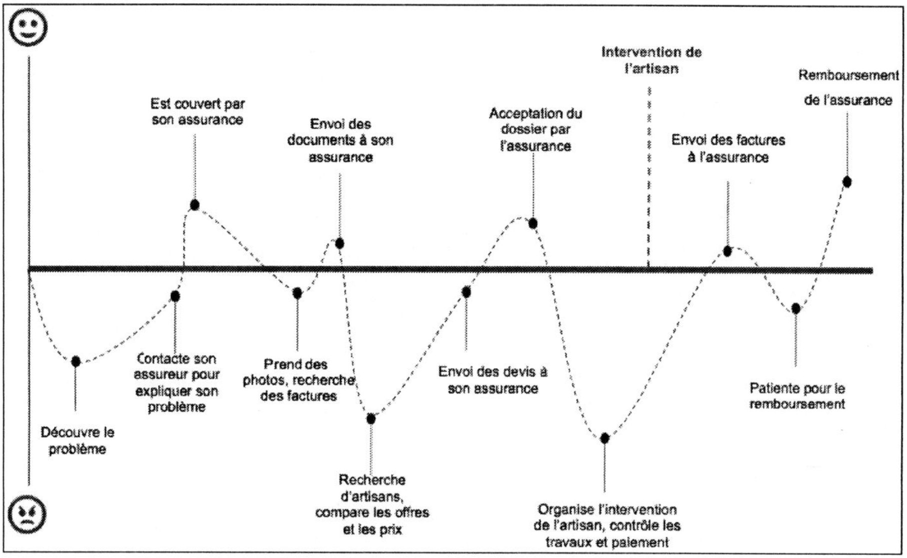

Exemple d'analyse des points positifs et des points négatifs d'un parcours

3. Éléments du parcours client

Les éléments suivants peuvent typiquement illustrer un parcours client.

Objectif ou tâche

Utilisez l'objectif ou tâche comme titre du document. C'est ce que l'utilisateur souhaite accomplir à travers le parcours. Par exemple, cela peut être le désir du client d'acheter un produit présent dans son panier.

Étapes

Dans le parcours client, vous pouvez identifier clairement une étape spécifique que l'utilisateur doit accomplir dans le parcours. Ceci peut être une information que l'utilisateur doit visualiser ou une donnée qu'il doit soumettre. Par exemple, cela pourrait être la nécessité de compléter une adresse e-mail ou de renseigner son numéro de carte bleue.

Points de décision

Les points de décision sont utilisés quand l'utilisateur doit prendre une décision afin de mener à bien son parcours : par exemple, choisir une taille de vêtement.

Début et fin d'étape

Les début et fin d'étape illustrent le début et la fin du parcours client. Utiliser des formes différentes peut permettre une meilleure visualisation du parcours. Par exemple, le début de la journée peut être l'addition de produits dans un panier et la fin de la journée peut être la page de confirmation d'achat.

Regroupement

Une étape simple peut être une page. S'il y a différentes étapes sur une seule page, le regroupement peut être visualisé. Cela peut être le nom, l'adresse et les informations de contact regroupés ensemble sur une page dédiée.

Flux

Des flèches simples ou des doubles flèches peuvent être utilisées pour montrer la direction dans laquelle l'utilisateur se dirige pour passer d'une tâche ou d'une étape à l'autre.

Contenu

Il peut être utile d'ajouter des éléments de contenu dans le parcours client. Sans eux, le parcours ne pourrait être complet. Par exemple, l'affichage des éléments de réassurance avant achat.

Points de frictions

Si vous avez déjà identifié des points de frictions dans le parcours, il peut être intéressant de les schématiser différemment.

Facteurs externes

Il peut exister des éléments externes que l'utilisateur doit compléter en dehors du système que vous êtes en train de construire. Cela peut être les réseaux sociaux, les sites mobiles externes... Il est important d'illustrer la corrélation entre les différents systèmes afin d'optimiser le parcours dans son ensemble.

4. Organisation de création du parcours

Comme dans tout exercice concernant l'expérience utilisateur, il est nécessaire de convier les différentes parties impliquées dans le projet. Cela permettra également que chaque personne participant au projet puisse donner son point de vue et soit associée aux décisions portant sur le parcours client. Cette dimension participative est essentielle, l'objectif de la création du parcours client n'est pas tant la carte réalisée mais plutôt les enseignements que l'équipe peut tirer en cartographiant l'expérience de l'utilisateur.

Voici les différentes personnes à impliquer :

- **Les analystes opérationnels et chefs de projets.** Les détails du parcours leur tiennent à cœur. Ils voudront s'assurer que tous les éléments requis ont été évoqués et que le processus pourra être développé en fonction d'un budget et d'un timing spécifique.

- **L'équipe de développement**. Elle voudra s'assurer que les développements ou la plateforme utilisés peuvent supporter les éléments spécifiques du parcours client.
- **Rédacteurs, designers et l'équipe de conception de wireframes**. Ils ont besoin de comprendre le parcours client dans sa globalité. Cela leur permet d'identifier le nombre de maquettes à réaliser et d'étudier comment créer de la consistance entre elles.
- **Les sponsors projet**. Il est important de les impliquer afin de s'assurer en permanence que le parcours client répond aux objectifs business.

5. Création du parcours client

Organiser une journée de workshop pour créer les parcours clients vous permettra de travailler d'une manière ludique et efficace. Les différents membres de l'équipe pourront ainsi travailler ensemble, discuter et débattre sur le parcours client idéal.

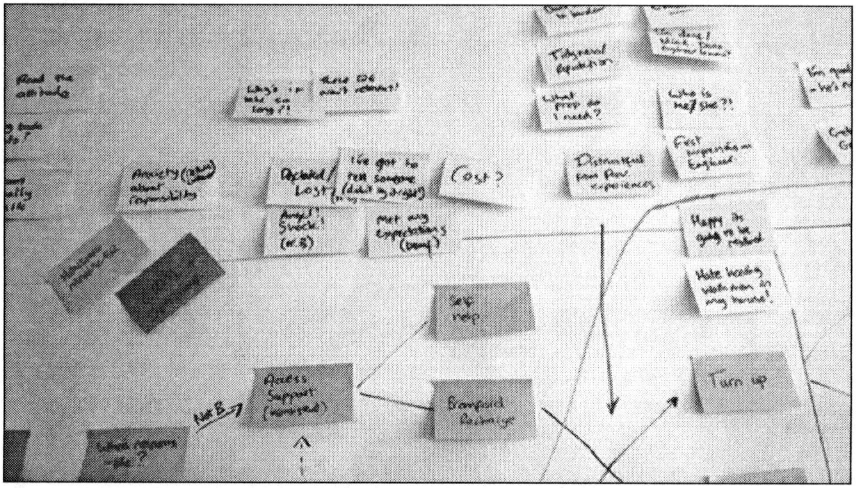

Exemple de customer journey en post-it

Les participants doivent avoir le même niveau de connaissances. Les recherches préliminaires, la création des personas doivent avoir été partagés. L'organisation n'est pas différente de celle d'un workshop classique évoqué précédemment.

Lieu

Choisissez une salle spacieuse avec des tables et chaises modulables. Dans l'idéal, il vous faut un grand tableau blanc sur lequel vous pourrez coller des post-it et dessiner les flèches qui relient les différentes tâches.

Pour ce sujet spécifique, il est essentiel que les participants se mettent dans la peau de l'utilisateur. Pour cela, vous pouvez décorer la salle d'illustrations des personas en A3, de verbatim.

Matériel

Pour ce workshop, il vous faut des post-it de différentes couleurs, des marqueurs pour tableau blanc, du scotch, des feutres, des crayons, des feuilles de papier blanc en format A4 (pour permettre aux participants d'illustrer des concepts) et votre smartphone pour prendre les photos. Si vous n'avez pas de tableau blanc à disposition, utilisez des feuilles A3 que vous assemblerez.

Animer le workshop

Pour animer le workshop suivez les étapes ci-dessous :

- Commencez par regrouper les grandes actions du parcours client, ne vous souciez pas pour le moment des détails.
- Faites coïncider les regroupements avec les besoins utilisateurs et besoins fonctionnels et discutez les points de désaccord (par exemple, citez les différences entre les informations que l'utilisateur souhaite fournir contre celles que l'entreprise veut collecter).
- Mettez les regroupements dans l'ordre logique et réfléchissez à l'enchaînement entre eux.

Ceci vous donnera un parcours client de base et même si cela semble simple, par expérience ceci va générer beaucoup de discussions.

- Travaillez ensuite sur les différents éléments et les conditions requises pour poursuivre chaque étape du parcours client.

6. Schématiser le parcours client

En général le parcours client se schématise autour de deux axes. L'axe horizontal représente le temps, qui est conçu autour de l'utilisateur, les interactions que celui-ci a avec le service ou le produit. L'axe vertical quant à lui positionne les actions, les expériences de l'utilisateur. Les points de contact entre l'utilisateur, le système ou le service client par exemple sont également schématisés. On peut également représenter les fluctuations des émotions sous la forme d'une courbe. Bien sûr il n'y a pas de parcours clients standard et le degré de détails dépend de l'utilisation que vous en ferez.

Parfois les parcours client sont si complexes que pour cerner un détail de parcours comme un tunnel d'achat, un séquençage en particulier, vous pouvez être amené à créer un parcours précis afin de mieux l'explorer.

Il existe mille et une façons de schématiser le parcours client. Chaque UX Designer construit les parcours clients sur l'outil avec lequel il est le plus familier. Voici ci-dessous quelques modèles sur différents outils.

OmniGraffle

Gordon Wells propose sur Behance un modèle Customer Journey Map (http://bit.ly/UXMobileCJM).

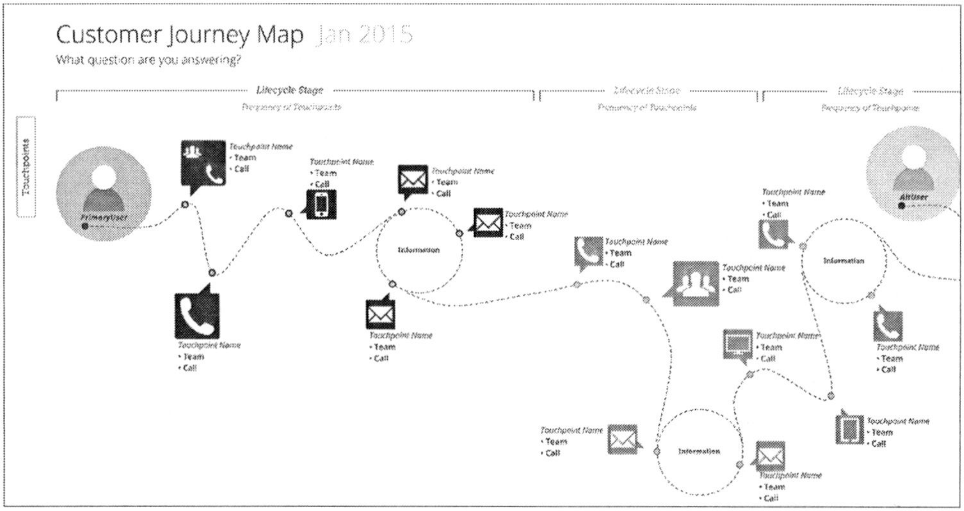

Powerpoint

CX Partners fournit également un modèle sous OmniGraffle mais aussi sous Powerpoint et nommé User Journey Templates (http://bit.ly/UXMobileCXPartners).

Prezi

Paul Kahn et Christophe Talles de Uinfoshare proposent un modèle sous Prezi Customer : journey mapping game (http://bit.ly/UXMobileCJM3).

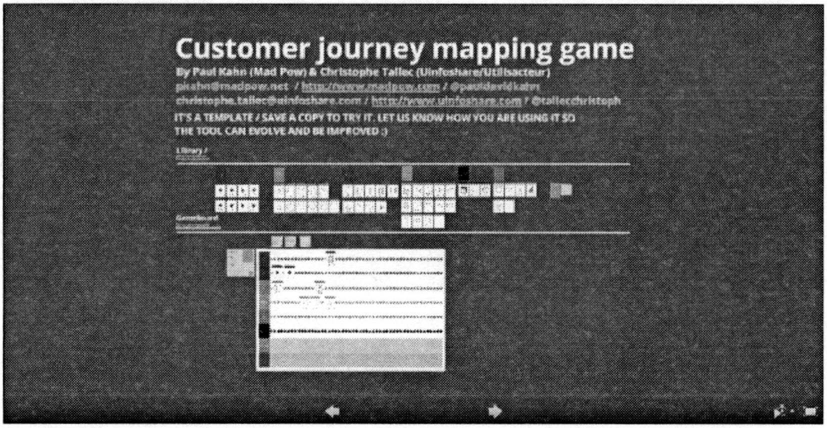

Smaply

Smaply est une solution en ligne vous permettant de construire vos parcours clients et met à disposition des modèles Customer Journey Map (http://bit.ly/UxMobileSmaply).

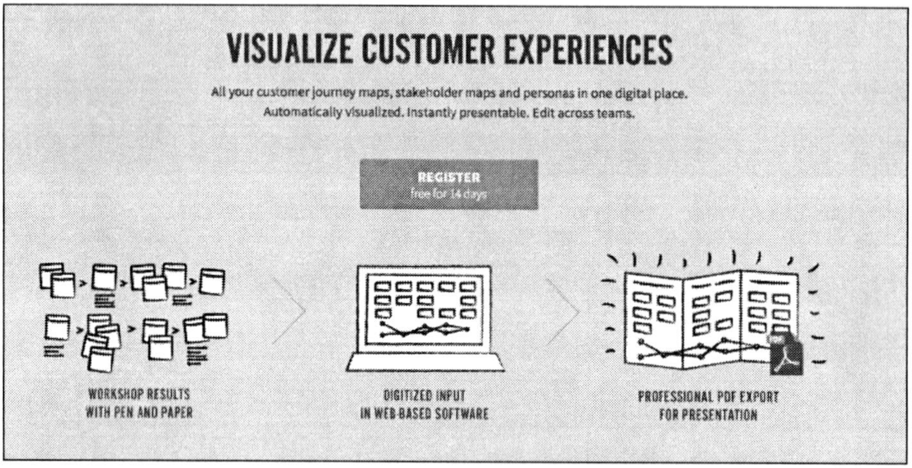

UX Pressia

UX Pressia est également une solution en ligne qui vous permettra de construire vos parcours clients, leurs modèles sont proposés en fonction de différents sujets, un des templates concerne l'application mobile (http://bit.ly/UXMobilePressia).

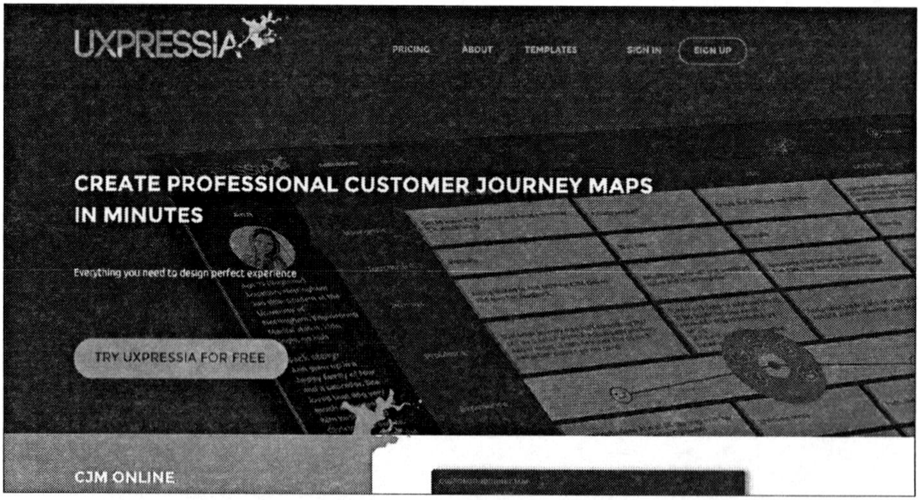

7. Diffusion du parcours client

Les parcours clients doivent être en permanence affichés dans les bureaux, néanmoins ils peuvent être compliqués à comprendre pour un néophyte. Avant de les diffuser, pensez à réorganiser tous les éléments afin de donner de la clarté et les rendre ainsi attractifs. Vous devez pour cela raconter une histoire, pensez à faire intervenir ceux qui ont participé à la construction des parcours clients. Si vous avez impliqué différentes personnes de plusieurs départements, celles-ci pourront alors les restituer à leurs équipes favorisant ainsi l'évangélisation.

Bien sûr, les parcours clients ne sont pas figés dans le temps mais évolueront en permanence, pensez à mettre à jour vos parcours régulièrement afin que l'information diffusée ne soit pas obsolète.

Chapitre 5

La conception mobile

A. Construire la navigation

1. Comprendre le matériel

Comprendre le matériel est un élément fondamental de l'expérience utilisateur, les expériences ne sont pas similaires. Les différences entre le premier iPhone et le premier Android s'apparentent au jour et à la nuit, non seulement pour les capacités du matériel mais également pour l'interface utilisateur. Il ne suffit pas de connaître certains smartphones ou quelques applications. Vous devez vous mettre "dans la peau" de l'utilisateur et, pour cela, vous devez utiliser le smartphone. Pour comprendre un iPhone, un Android ou un Windows Phone, vous devez l'avoir en main et l'expérimenter personnellement. Ce n'est que de cette façon que vous pourrez comprendre les interactions qui le caractérisent, la façon dont l'écran tactile réagit et la complémentarité des actions qui impactent l'interface utilisateur.

Interface utilisateur application PayPal : Android, Windows Phone, iPhone

C'est la seule manière d'appréhender les différences entre les multiples types de smartphones notamment sur le plan fondamental de l'utilisation. Un exemple flagrant et trop souvent répété dans le design des applications pour Android est sans nul doute le bouton retour présent en haut à gauche de l'interface. C'est un non-sens pour les utilisateurs d'Android puisque ce bouton est directement intégré au smartphone. Sans cette expérience, vous ne pourrez pas appliquer les subtilités de l'interface dans le design de l'interface utilisateur.

Le cas IKEA Catalogue

Ne pas prendre la peine d'adapter la conception pour l'OS Android est malheureusement une erreur assez commune. Les concepteurs ont appliqué le même design que celui utilisé pour leur application iOS. Ils auraient pu imaginer un design original en utilisant un style similaire sur Android. Mais, au lieu de cela, ils ont employé les composants standards d'iOS. On reconnaît donc immédiatement les codes iOS dans cette application Android.

Android et iOS

Alors que certains pourraient dire que la cohérence est importante, je pense que la cohérence entre les applications sur une plateforme est plus importante que la cohérence entre les applications du même développeur sur deux plateformes différentes. Car finalement peu de personnes utilisent les deux simultanément.

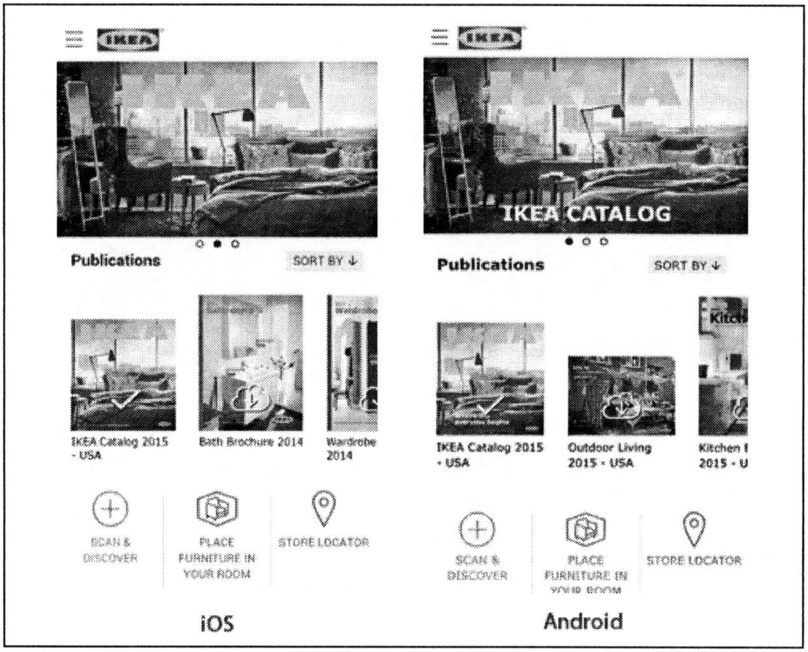

En 2015, IKEA a lancé un nouveau design de son application en gommant les composants iOS et Android. Même si le résultat semble harmonieux, l'expérience utilisateur, assez pauvre, est immédiatement mentionnée dans les évaluations des utilisateurs.

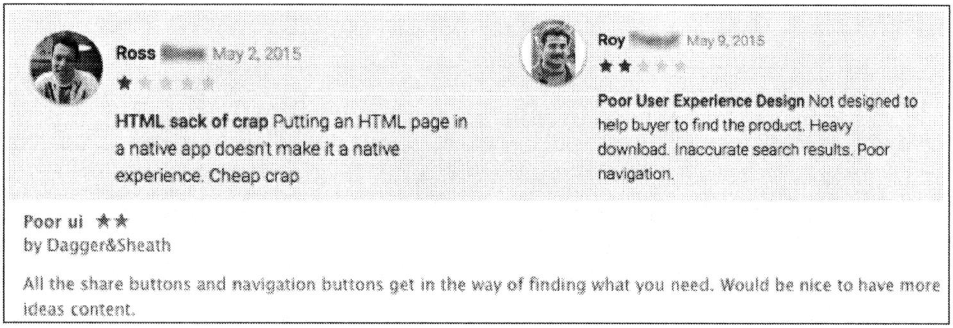

2. Les interactions gestuelles

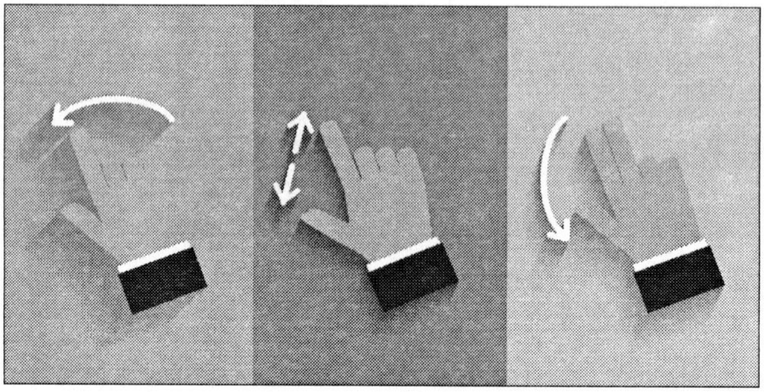

La plupart des smartphones sont équipés d'écrans tactiles qui fournissent un ensemble d'opportunités et de contraintes. Nous les utilisons non seulement pour visualiser du contenu, mais aussi pour interagir avec ce contenu. Cela oblige les concepteurs à considérer l'ergonomie, les gestes, les transitions et les modèles d'interaction spécifiquement d'un point de vue mobile. Le succès d'une application ou d'un site mobile peut être fait ou brisé par l'efficacité avec laquelle l'application utilisera des gestes et des animations. Tous les principaux systèmes d'exploitation tactiles emploient des interactions gestuelles.

Chaque OS a essayé d'imposer ses propres conventions mais, heureusement, il y a quelques gestes qui sont partagés par Android, IOS et Windows Phone. Vous trouverez ci-dessous une liste des gestes les plus communs et leur utilisation selon le guide de référence publié par Craig Villamor, Dan Willis et Luke Wroblewski.

Tap

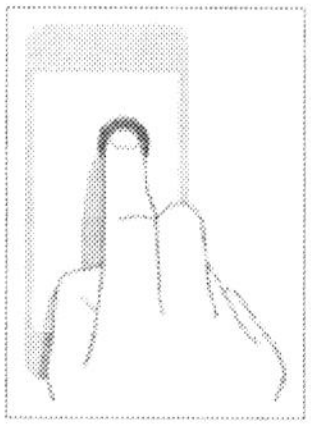

Le tap est un contact simple et rapide de l'index sur l'écran. Il s'agit du geste de base des interfaces tactiles (tablettes, smartphones). Il équivaut au clic simple avec une souris (clic gauche). Il permet généralement de sélectionner un élément à l'écran ou d'activer un contrôle (validation de formulaire, bouton radio, case à cocher, etc.).

Double tap

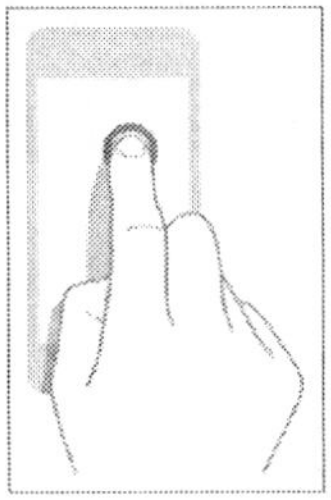

Le double tap n'est pas nécessairement au tap ce que le double clic est au clic. Si ce mouvement peut servir à ouvrir un élément sélectionné sur certains environnements, il est souvent utilisé par les éditeurs de services pour effectuer un zoom sur une image. D'autres gestes permettent cette fonction de zoom.

Drag

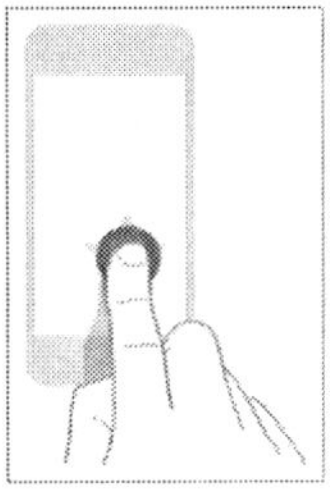

Le drag (« glissement » en français) consiste à maintenir et à faire glisser un doigt sur l'écran. Comme le flick, ce geste est utilisé pour effectuer un défilement du contenu affiché à l'écran, mais de manière plus lente et plus précise, dans le cadre de la lecture d'un livre électronique par exemple. Il peut également être utilisé pour des actions de glisser-déplacer. Ce geste peut être effectué avec plusieurs doigts.

Flick

Le flick (« chiquenaude » en français) correspond à un balayage rapide du doigt sur l'écran. « *Ce geste permet de faire défiler le contenu d'un écran de manière accélérée* » sur les interfaces tactiles. Cette action de scroll peut être utilisée aussi bien verticalement qu'horizontalement.

Press

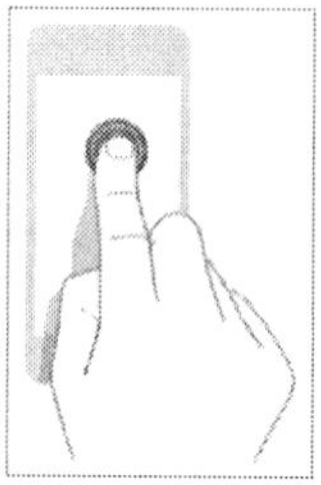

Le press est un contact prolongé d'un doigt sur l'écran. Il peut notamment être utilisé pour afficher des informations contextuelles (menu, etc.) concernant un élément. Il permet également la sélection d'un élément affiché à l'écran en vue de son déplacement.

Spread

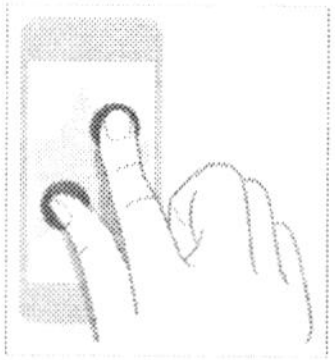

Le spread (« écartement » en français) consiste à maintenir le pouce et l'index appuyés sur l'écran tout en les éloignant l'un de l'autre. Ce geste est essentiellement utilisé pour effectuer un zoom sur un élément. Il s'agit d'un geste typique de l'environnement iOS et tous les utilisateurs d'interfaces tactiles n'ont pas l'habitude de l'utiliser.

Cinq principales manières d'utiliser son smartphone

Le laboratoire Personae User Lab vient de publier un baromètre sur les usages des smartphones en France, une étude de terrain nommée "Smartphone Street Observer" qui décode les comportements des utilisateurs sur leur smartphone. Si la plupart des études publiées sur le sujet sont issues de l'observation pure, la démarche employée par le laboratoire va plus loin. En effet, en plus de l'observation de 1024 personnes pendant 19 jours, la plupart en situation de mobilité, plus de 500 personnes ont également été interrogées. Une méthode plus intrusive mais néanmoins efficace tant l'usage des smartphones est intimement lié à notre expérience.

L'échantillon de cette étude est très proche des smartphonautes en France et représentatif en termes de latérité. Une surreprésentation des jeunes mais une hiérarchie des âges est en partie respectée. Sans surprise, l'iPhone est le smartphone le plus possédé à hauteur de 40 %, suivi de Samsung à 27 % et enfin Sony avec 8 %. À savoir que pour les 2/3 des personnes, le téléphone a moins de 6 mois.

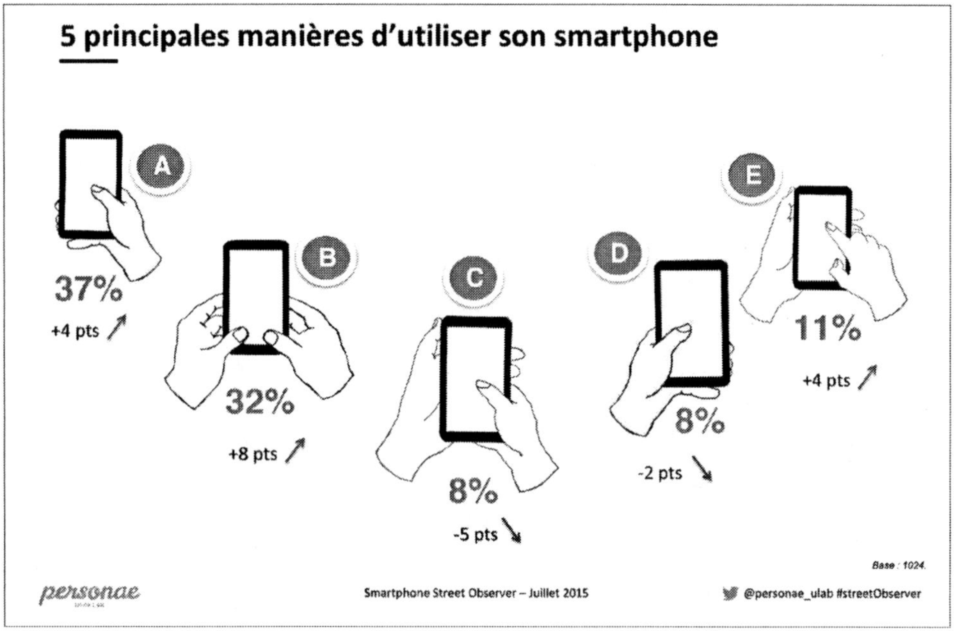

Il y a cinq principales manières d'utiliser son smartphone, les résultats dépendent du type d'activité menée comme la consultation, la recherche, la rédaction de messages, l'écoute de musique, l'utilisation d'un jeu ou la prise de photos/vidéos.

L'usage du mode paysage est très peu utilisé (1,75 %) surtout en extérieur. 45 % l'utilisent régulièrement dans un autre environnement. Selon l'étude, le mode paysage est dans 90 % des cas utilisé pour les photos et vidéos, loin devant les jeux et la lecture. Néanmoins certains jeux sont par défaut en mode paysage et aucune autre utilisation n'est possible, tels qu'Angry Birds par exemple.

Les personnes de plus de 45 ans semblent moins à l'aise avec leur smartphone et l'utilisent plus souvent dans des lieux où ils sont plus stables (à la maison, au travail...).

Les novices ont une manière différente d'interagir avec le smartphone, ils ont tendance à calquer l'usage en fonction de l'observation d'autres utilisateurs et n'utilisent pas de doigts non usuels. L'index est beaucoup plus utilisé, ainsi la moitié des possesseurs de smartphones de moins de 3 mois l'utilisent comme interaction. Peu à peu familiarisés avec le smartphone et aux différentes applications, l'utilisation du pouce est adoptée.

Un fait intéressant également est de ne pas oublier que l'utilisateur peut également tenir autre chose dans sa main, comme fumer une cigarette, tenir un café, un document, un parapluie... ce qui l'oblige à utiliser sa main faible pour interagir. Ainsi 25 % des droitiers utilisent leur main gauche et 37 % des gauchers leur main droite, lorsqu'ils ont une main occupée, traduisant ainsi la capacité d'adaptation des utilisateurs.

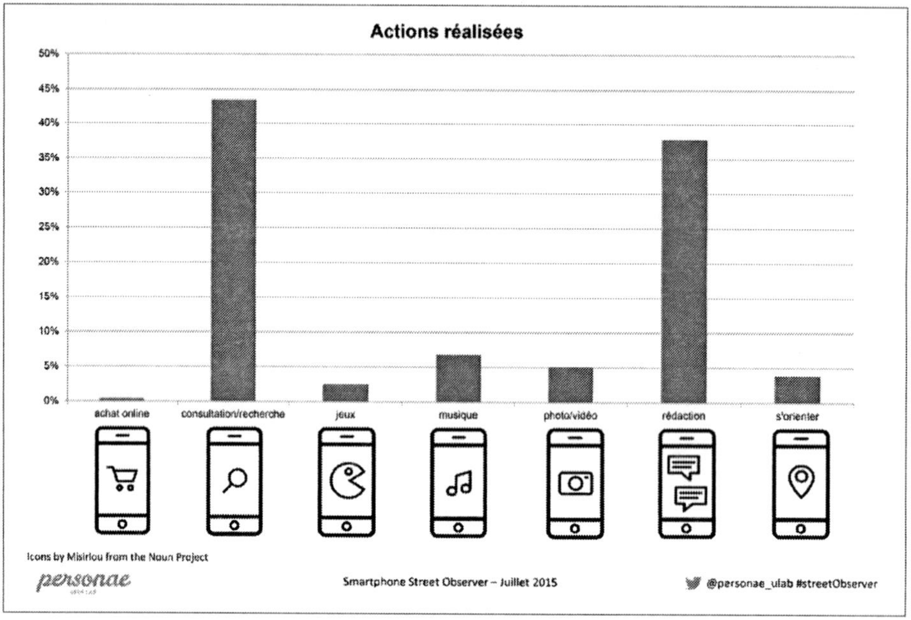

Sans surprise, les actions principalement réalisées comme la consultation, la recherche et la rédaction de messages sont réalisées dans la majorité des cas selon les modes les plus utilisés (A et B). Cette deuxième édition permettra donc aux UX designers et ergonomes d'intégrer ces éléments dans la conception de projet mobile. Pour en savoir plus vous pouvez télécharger l'étude Smartphone Street Observer (http://bit.ly/UXMobile-Personae).

Le design pour les écrans de grande taille

Les écrans des smartphones sont de plus en plus grands et, après des années de résistance, Apple a finalement cédé à ce diktat en lançant l'iPhone 6 et l'iPhone 6 Plus. Ainsi, il apparaît que les écrans de 3,5" et 4" vont commencer leur inévitable déclin très rapidement. Cela signifie que ceux d'entre nous qui ont conçu des applications selon cet ancien modèle doivent revoir leurs acquis.

Le déclin est déjà en mouvement. Une étude d'Adobe, 2014 Mobile Benchmark Report, affirme que la navigation mobile parmi les téléphones avec écrans 4" ou plus petits est en baisse de 11 % aux États-Unis.

Cela signifie qu'apprendre à concevoir pour les pouces est maintenant plus important que jamais. Heureusement, les tailles des écrans de téléphone deviennent universelles. Un examen rapide des écrans les plus populaires sous Android montre qu'ils se trouvent dans une gamme comprise entre 5.1"et 5.7".

Concevoir pour les pouces signifie construire des interfaces qui soient les plus confortables à utiliser au sein de l'arc naturel de balayage de notre pouce.

Mais cela devient compliqué. Nous ajustons inconsciemment la manière dont nous tenons nos téléphones pour atteindre certaines zones de contrôle de l'écran. Il est courant que vous étiriez votre poignet, masquiez certaines zones de votre téléphone afin d'accéder aux endroits difficiles.

Les recherches suggèrent que la plupart d'entre nous tiennent leur téléphone de la façon suivante : avec le fond du pouce ancré sur le coin inférieur droit.

Cette hypothèse vient d'une étude que l'expert mobile Steve Hoober a entreprise l'année dernière auprès de 1 333 personnes. La zone du pouce est représentée à travers une carte de chaleur afin de visualiser les zones facilement accessibles par le pouce. Voici sa représentation pour chaque taille d'affichage d'iPhone depuis 2007 :

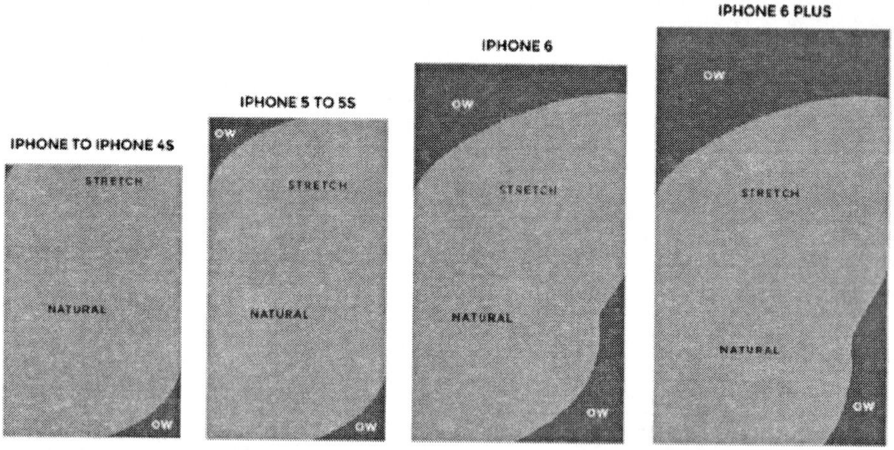

Les tailles standards des écrans des smartphones vont devenir de plus en plus grandes. Il est donc nécessaire de repenser l'ergonomie pour ces typologies d'écrans, pas uniquement en agrandissant la conception faite sur des écrans inférieurs à 4" mais en créant une ergonomie spécifique adaptée au pouce.

Pour les tablettes, les mêmes questions se posent sur les zones de confort. Les usages à deux mains en mode paysage prédominent.

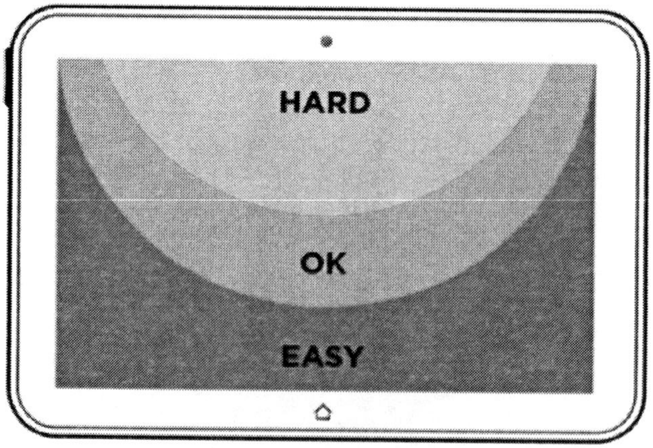

3. L'interface utilisateur iOS

En réalité, les possesseurs d'iPhone partagent la même expérience d'apprentissage sans vraiment le réaliser. Ils vont tous avoir un écran d'accueil au démarrage de l'iPhone et, en moins d'une seconde, ils vont tous utiliser les interactions basiques de l'iPhone, à savoir :

- Appuyer sur le bouton de l'iPhone pour l'allumer,
- Appuyer et glisser l'écran pour le déverrouiller.

C'est ce que les concepteurs UX appellent le « 5 second learn » : dans les premières secondes critiques d'attention de la part de l'utilisateur, l'iPhone lui apprend que :

- L'écran est tactile,
- Les éléments de l'interface utilisateur sont tactiles,
- Il doit utiliser des gestes fluides, comme appuyer ou glisser pour interagir avec les éléments de l'interface,
- Les boutons physiques sont secondaires.

Il n'y a pas de manuel d'utilisation ni de longues descriptions, d'alphabet spécifique à connaître, de tutoriel, de support client à appeler et définitivement pas de vidéos YouTube à regarder. En moins de cinq secondes, l'utilisateur a été introduit dans l'univers iOS et sa gestuelle tactile.

L'interface utilisateur iOS6 et iOS7

L'utilisation des gestes n'est pas le seul concept innovant présenté avec le premier iPhone. Passé l'écran d'accueil, l'utilisateur accède à un écran constitué d'icônes. Ces icônes sont faites pour lancer des applications depuis la page d'accueil. Ce concept d'application était nouveau pour les utilisateurs du premier iPhone. Il n'était néanmoins pas nouveau dans l'expérience mobile puisqu'il était présent dans l'univers Palm OS. Ce concept de navigation est maintenant couramment employé sur la plupart des systèmes opérationnels.

En septembre 2013, Apple a déployé iOS7 présenté comme « le plus grand changement d'iOS depuis l'introduction de l'iPhone », le changement le plus notable étant une refonte de l'interface utilisateur : d'une interface skeuomorphique – un design qui évoque les objets du monde réel pour faciliter la prise en main par l'utilisateur –, on passe au flat design – un design excluant tous les détails superflus de la création. Il se caractérise par des aplats de couleurs sobres mais actuelles et l'organisation de la typographie crée la structure du contenu. Le flat design est un style minimaliste, extrêmement clair et épuré. Au Worldwide Developers Conference d'Apple en 2014, Tim Cook a annoncé que iOS7 avait été installé sur 89 % des appareils iOS actifs, démontrant ainsi la forte adoption de ce nouvel OS. Un an plus tard, Apple a déployé iOS8, introduisant son lot de nouveautés avec toujours autant de succès puisqu'en avril 2015, le taux d'adoption était de 89 %.

Chaque OS publie son guide de préconisations à l'usage des designers d'applications avec pour objectif une homogénéité de la navigation entre les applications d'un même OS. Ne pas respecter ces grands principes risque de vous exposer à un refus de l'application sur le store. Voici les trois grands principes de conception de l'iOS qui s'orientent vers le flat design : « deference », « clarity » et « depth ».

Déférence : l'interface n'entre jamais en compétition avec l'utilisateur. Elle permet aux utilisateurs de comprendre, d'interagir avec le contenu.

Clarté : le texte est lisible dans toutes les tailles, les icônes sont précises et claires, l'habillage est subtil et approprié. Enfin, l'accent sera mis sur la fonctionnalité.

Profondeur : les couches visuelles et les mouvements réalistes participeront au plaisir (de l'expérience utilisateur) et à la compréhension des utilisateurs.

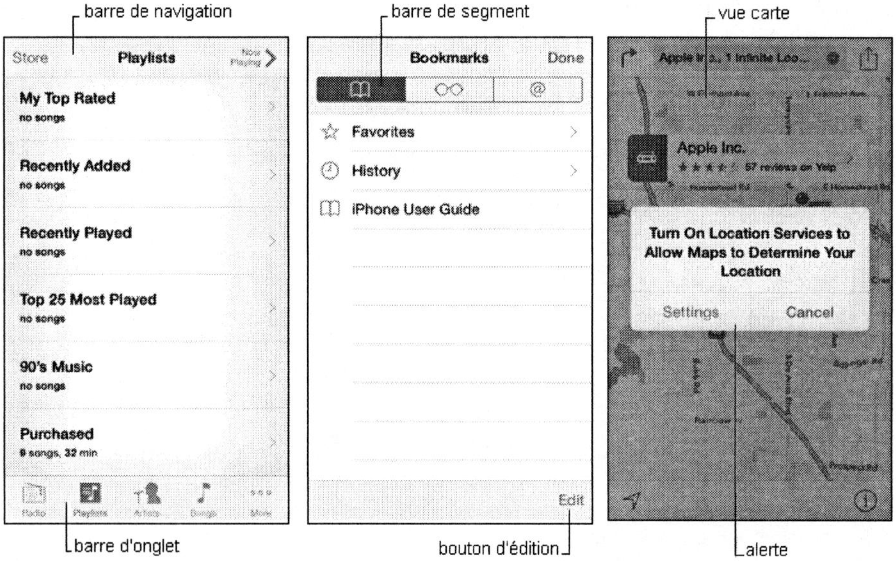

Parmi ces grands principes, il s'agit également de transparence sur les barres de navigation, barres d'outils, barres d'onglet. Le contenu de l'application est visible en toile de fond des composants d'interface. Les contours des boutons s'estompent vers une simplification, c'est la typographie et la couleur qui doivent susciter l'interaction. Le plein écran, allié à un design aéré, permet de laisser l'espace nécessaire pour se concentrer sur les interactions essentielles. Une typographie unique, épurée et lisible doit être utilisée sur l'ensemble de l'application. Pour prioriser le contenu, il faut adapter la taille de la typographie et non la modifier. Les écrans d'accueil doivent disparaître pour permettre à l'utilisateur d'accéder directement au contenu.

Avec l'introduction de l'iPhone 6s, Apple a inauguré une toute nouvelle façon d'interagir avec votre téléphone qui, pour la première fois, détecte le degré de pression que vous exercez sur l'écran : le **Touch Screen**. Quand vous utilisez cette fonctionnalité, votre iPhone vous répond par de légères pulsations. Vous pourrez donc voir, mais également ressentir les effets de chaque pression. Apple a appelé cette nouvelle interaction le « Peek et Pop » cela vous permet de prévisualiser toutes sortes de contenus sans même avoir à les ouvrir, comme jeter un coup d'œil à vos e-mails avant de les ouvrir, afficher l'aperçu d'une page web avant de l'ouvrir ou regarder des photos pendant que vous en prenez d'autres.

De plus en plus de marques intègrent cette nouvelle interaction dans leur application.

Dropbox par exemple facilite ainsi les interactions. À partir de l'icône de l'application vous pouvez observer votre dossier ou votre fichier le plus récemment visité. Les autres raccourcis comprennent l'accès à vos fichiers hors connexion, le téléchargement de photos et vidéos et même la recherche dans votre Dropbox.

Avec Shazam, en appuyant fermement sur l'icône, vous obtenez un raccourci rapide pour commencer immédiatement à enregistrer le son que vous voulez « shazamer ». Ce qui économise une interaction et rend l'application plus efficace.

L'ensemble des recommandations d'Apple est disponible à travers son guide *iOS Human Interface Guidelines*.

4. L'interface utilisateur Android

L'OS Android étant open source, il est très fragmenté tant par le nombre de smartphones utilisant l'OS que par les tailles d'écran mais également par la version d'OS utilisée par les fabricants. Quand Apple déploie une mise à jour de son OS, les appareils en bénéficient immédiatement puisqu'il maîtrise son matériel. Or, ce n'est pas le cas de l'OS Android : chaque lancement d'un nouvel OS nécessite un déploiement de la part du fabricant, certains appareils neufs peuvent même ne pas être vendus avec la dernière version connue. Les fabricants et opérateurs étant impliqués dans le processus, la complexité des déploiements est due à la mise à jour des puces des smartphones, à l'adaptation de la pile logicielle et aux tests diagnostics. Sans rentrer dans les détails techniques, ce processus peut être très long. Selon Nick DiCarlo, vice-président chez Samsung USA, il faut compter en moyenne six à huit semaines entre le moment où la société reçoit la mise à jour de l'OS de Google et le moment où il peut fournir la version finale aux opérateurs.

Les OS sont donc très fragmentés. Selon les derniers chiffres de Google de février 2016, un des derniers OS d'Android Lollipop bénéficie d'une part de marché de 34 % pour un déploiement en novembre 2014. C'est très peu comparé à l'OS d'Apple.

Version	Codename	API	Distribution
2.2	Froyo	8	0.1%
2.3.3 - 2.3.7	Gingerbread	10	2.7%
4.0.3 - 4.0.4	Ice Cream Sandwich	15	2.5%
4.1.x	Jelly Bean	16	8.8%
4.2.x		17	11.7%
4.3		18	3.4%
4.4	KitKat	19	35.5%
5.0	Lollipop	21	17.0%
5.1		22	17.1%
6.0	Marshmallow	23	1.2%

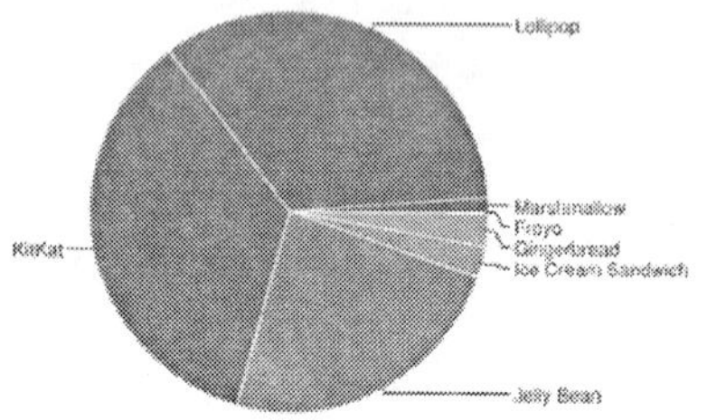

Data collected during a 7-day period ending on February 1, 2016.
Any versions with less than 0.1% distribution are not shown.

Versions des OS d'Android - Source : Google Plateforme de développement Android - http://developer.android.com/about/dashboards/index.html

Jelly Bean et KitKat constituent actuellement la majorité des installations des OS avec 59,4 % des OS installés. Néanmoins, il paraît plus important de vous décrire les fondamentaux de l'OS Lollipop qui introduit une nouveauté importante en termes d'interface utilisateur : le **Material Design**.

Derrière ce nom se cache une toute nouvelle approche du design d'interface. Avec Material Design, Google a travaillé sur l'après flat design pour continuer dans la voie de l'anti-skeuomorphisme. En effet, Google a rajouté des interactions, les objets deviennent plus vivants et gagnent en profondeur. Selon Google, *« une petite quantité d'animations peut être utilisée pour mieux informer l'utilisateur de la façon dont l'interface fonctionne. »*.

L'autre aspect important du Material Design est que Google ne s'est pas limité à Android. Pour la première fois, Google a entrepris de fournir une interface utilisateur cohérente dans une approche globale. Outre Android, Google applique cette nouvelle conception de style à ses produits sur iOS, Chrome, mais également sur le Web.

Le Material Design est un ensemble de « cartes ». Google a imaginé toutes les surfaces de l'interface utilisateur comme une « feuille de papier » flottant au-dessus d'un arrière-plan. Chaque feuille de papier occupe une position dans l'espace et une ombre sur les éléments sous-jacents apparaît pour donner de la profondeur à l'ensemble. Ces « cartes » peuvent s'étendre sur plus de quatre niveaux.

Les animations sont l'aspect le plus frappant de Material Design. Google acte le fait que l'animation n'est ni distrayante ni gratuite mais participe effectivement à la construction d'expériences utilisateurs intuitives, engageantes et mémorables. L'animation rend l'expérience plus concrète car elle se rapproche du monde réel et des lois de la physique. On parle alors de chorégraphie des interactions pour que le mouvement véhicule du sens et participe ainsi à la prise en main et à l'engagement. Grâce aux améliorations de performance dans Lollipop, ces éléments se déplacent avec beaucoup de fluidité. C'est frappant sur un Nexus 4 mis à jour sous Android 5.0.

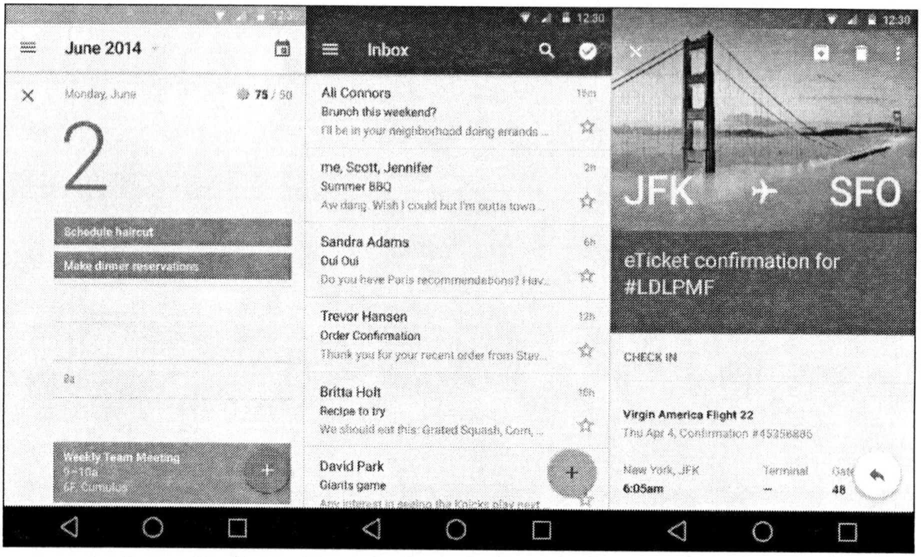

Material Design, ce sont également des couleurs vives avec l'arrivée de plusieurs palettes de couleurs. Android est lumineux avec un style sous forme de palette utilisée pour les en-têtes et les couleurs des boutons. Son utilisation est déconseillée dans les blocs de textes où le blanc garantit une lisibilité maximale.

Toute la composition (grilles, couleurs, contrastes, choix typographiques, équilibre entre le plein et le vide) participe à créer une interface claire, un message et un usage très lisibles. Par exemple, les jeux typographiques permettent une bonne hiérarchie de l'information et des signes graphiques très contrastés, en rupture, communiquent l'action principale de la page afin de tout mettre en œuvre pour créer des expériences engageantes et immersives.

Comme pour Apple, l'ensemble des recommandations d'Android est disponible à travers son guide *Android Design*. Tout comme le design d'Apple a influencé le design d'Android, ce nouveau matériel design influencera certainement les applications iOS à venir.

5. Les autres interfaces utilisateur Windows, Blackberry...

Les puristes de Windows s'insurgeront peut-être contre le fait que l'OS de Windows Phone n'ait pas de section dédiée, mais il faut faire le constat que l'OS de Windows Phone, comme évoqué précédemment, ne représentait que 2,2 % des parts de marché mondiales en 2015 selon l'**IDC**. Même si en France les parts de marché de Windows Phone font figure d'exception avec 8,7 % selon le cabinet d'analyse **Kantar**, elles baissent néanmoins de presque 3 % par rapport à 2014. Outre ce fait, les similitudes de design entre Android et Apple permettent de construire plus facilement des expériences utilisateurs sur ces deux OS. Néanmoins le changement de cap de Windows à travers le lancement de la nouvelle interface Windows 10 aura peut-être un impact positif sur les parts de marché. Pour IDC, Windows 10 n'y changera rien et les Windows Phone ne décolleront jamais, "malgré tous les efforts de Microsoft".

Windows Phone

Microsoft a réinventé son offre mobile avec l'introduction de la plateforme Windows Phone. En commençant avec la version Windows Phone 7, le groupe a adopté une approche en termes de concept d'interaction avec les applications et les icônes.

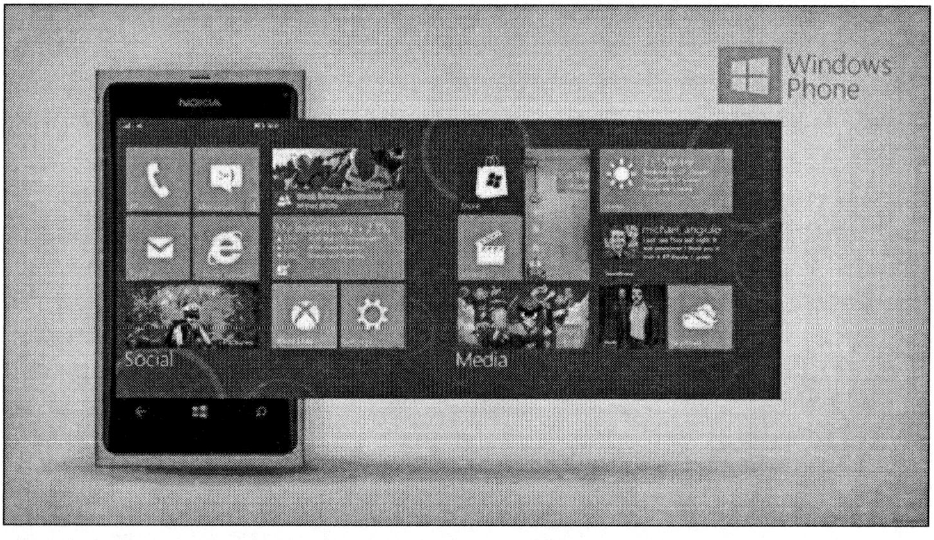

Son approche repose sur une expérience plus visuelle avec un accent prononcé sur le texte et les images. Le fondement de sa conception réside notamment dans le Bauhaus. À partir de 1919, cette école de design emblématique commença à promouvoir une philosophie de conception percutante : éliminer tout ce qui est superflu. L'expérience est conçue pour se fondre sur un ensemble de vues avec la création d'une mise en page fluide et organique lorsque vous voyagez entre les pages. Dans certains cas, les titres, images et contenus de la page se superposent sur l'écran.

En comparaison avec les pages séparées de l'Android ou de l'iPhone, concevoir pour cette expérience nécessite la création de modèles qui combinent de multiples écrans pour une vue unifiée. Le scroll de l'application est essentiellement horizontal et, au lieu de présenter plusieurs écrans contenant une multitude d'icônes, Windows Phone affiche un seul écran d'accueil à personnaliser.

Lancée avec Windows 8, la nouvelle interface graphique a été baptisée Metro et a depuis changé de nom passant de Windows 8 UI à Modern UI suite au conflit avec le groupe de distribution allemand Metro AG. L'univers Modern UI est reconnaissable par quatre caractéristiques fondamentales : la typographie, le mouvement, la mise en page de type grille et la simplicité. Ces principes, insufflés par cette interface moderne, ont donné des idées à de nombreux designers. Pour preuve, de plus en plus de sites sont inspirés par le nouveau design de Microsoft qui devient ainsi une tendance du design et du Webdesign à venir.

Windows a donc conçu une expérience mobile foncièrement différente et pense le design de manière uniforme que ce soit pour le desktop, tablette ou mobile, à travers son guide *Design UWP*.

Mais en 2015, Windows a entièrement revu son design et a définitivement abandonné le scrolling horizontal pour reprendre une navigation plus proche voire même très proche des standards de Google et du Material Design.

Grâce à un socle commun avec Windows 10, Windows 10 Mobile accueillera des applications universelles (Universal Apps) pouvant également fonctionner sur Windows 10 version desktop et tablettes.

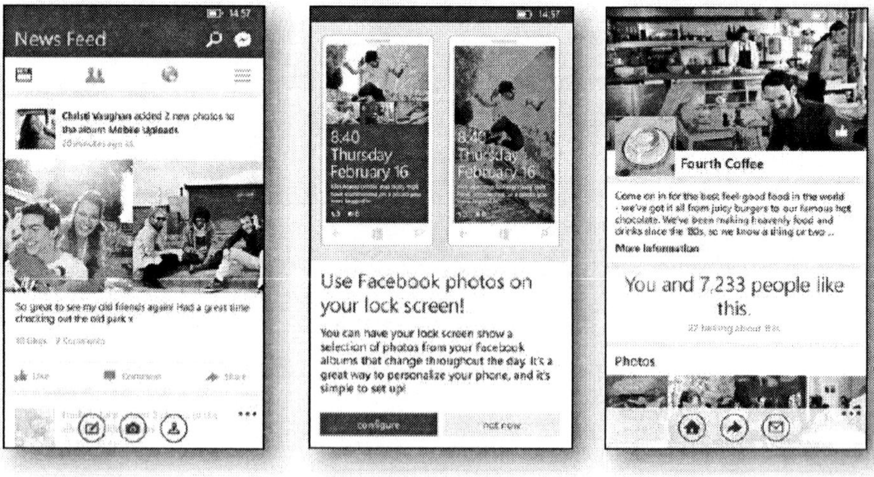

Blackberry

Blackberry a longtemps dominé l'univers des premiers smartphones. Sa portée était étendue, mais l'accent sur l'expérience utilisateur était inexistant, ce qui a conduit à une fragmentation des différents appareils, des multiples supports et des systèmes d'exploitation. De ce fait, il a été quasi impossible pour tout designer ou développeur de suivre ces changements. Certaines fonctionnalités présentes dans un OS disparaissaient au suivant. L'interaction gestuelle était propre à chaque appareil.

Blackberry avait placé ses espoirs de redressement dans son nouveau système d'exploitation BlackBerry 10. En vain, puisqu'il a vu ses parts de marché s'effondrer et il ne représente aujourd'hui que 0,3 % des parts de marché mondiales.

L'interface de BlackBerry 10 est très sobre. Le noir, le bleu et le blanc dominent. Les pictogrammes des différentes actions se veulent les plus simples possibles. Comme pour les autres OS, les principes du design sont disponibles à travers son guide.

Focus Smart Watch

Les **smartwatches** étant un sujet de plus en plus d'actualité, il m'a paru important de le traiter spécifiquement. En fait, de nombreuses marques possédant une application mobile s'interroge sur le déploiement d'une partie de leur application sur les smartwatches. Certaines ne se sont pas posées beaucoup de questions et se sont lancées dès le début. Dans une approche stratégique, être présent rapidement et de façon très simple peut être un avantage compétitif et c'est clairement une approche LEAN adaptée à ces nouveaux usages.

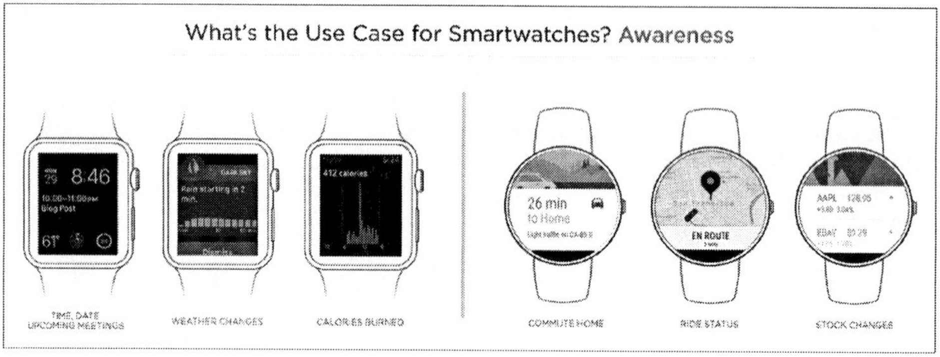

Illustration de Luke Wroblewski

Néanmoins, si vous ne faites pas partie de ces « early adopter », prenez conscience que l'usage réel est limité. Les principales interactions reposent sur les notifications. 42 % des interactions sont faites sur une seule application et 75 % sur quatre applications. Les smartwatches imposent un minimalisme absolu.

Les interactions doivent se concentrer en priorité sur les notifications et actions, la mise en avant des actions clés et un usage très simple des fonctionnalités clé de l'application.

Illustration de Luke Wroblewski

L'application Uber permet ainsi au lancement de commander immédiatement une voiture et d'avoir accès aux informations principales.

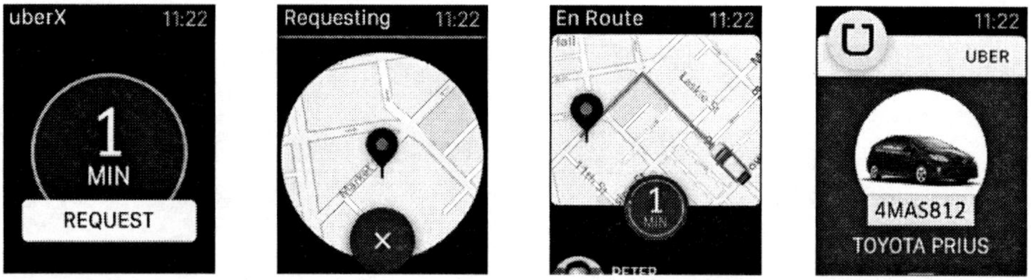

B. Les bonnes pratiques du Design Mobile

Construire le design mobile est complexe, la taille imposée de l'écran oblige à faire preuve de minimalisme et de créativité. Néanmoins, il existe un certain nombre de bonnes pratiques que vous devez garder en tête lorsque vous concevez pour le mobile. Bien sûr il s'agit d'éléments non exhaustifs et il ne s'agit pas de dupliquer une application existante, mais ces bonnes pratiques vous permettront d'appréhender les subtilités du design mobile.

1. La loi du point focal

Cette loi est issue de la théorie de Gestalt, c'est une série de lois qui peuvent s'avérer très utiles pour la conception d'interfaces centrées utilisateurs. En effet, ce courant de pensée nous aide à comprendre comment le cerveau perçoit les interfaces.

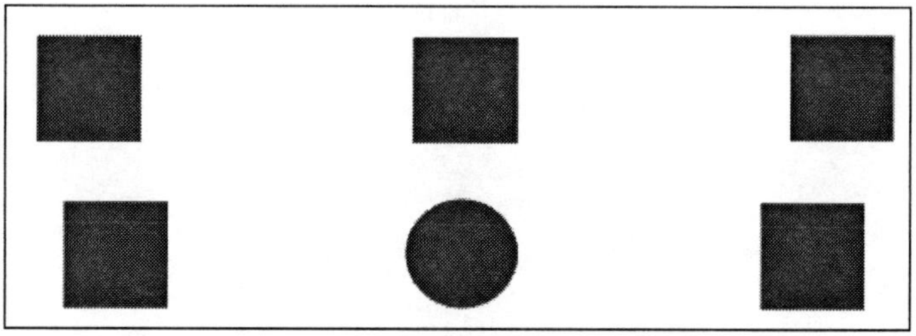

La loi de point focal met en évidence le fait que notre perception visuelle sera nécessairement orientée vers les éléments différenciants d'une scène. Dans l'exemple ci-dessus, nous focalisons immédiatement notre attention sur le rond comme point focal.

Utiliser cette loi cela vous permet de guider l'utilisateur en attirant son attention sur des points importants pour éviter une analyse globale de l'interface. Avec l'application **Uber**, je comprends instantanément que l'action centrale de l'écran incite une interaction.

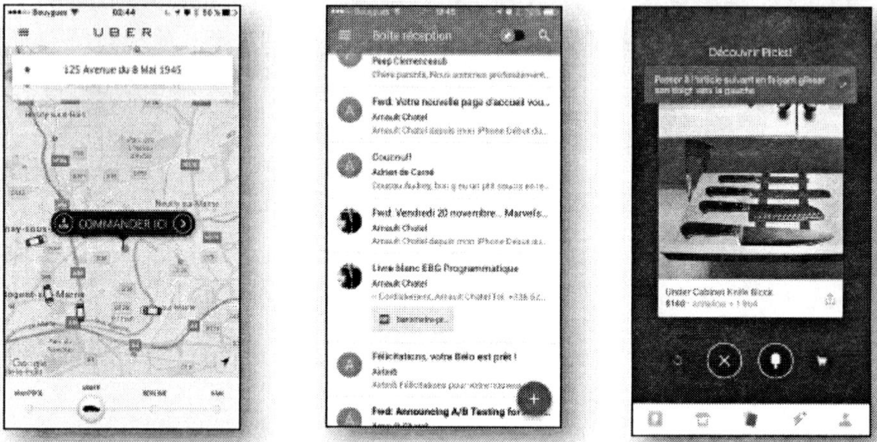

Applications Uber, Gmail, Fancy

Le mobile étant un écran où notre attention visuelle est nécessairement diminuée, il est important d'intégrer vos **call-to-actions** de manière très visible.

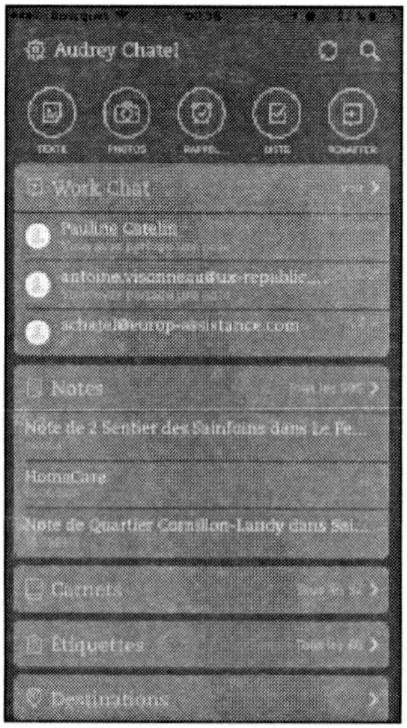

Evernote

Mettre en avant votre contenu est essentiel, l'utilisateur doit pouvoir identifier très rapidement les principales actions. Ici la page d'accueil d'**Evernote** est difficile à intégrer mentalement car tout est au même niveau graphique. Il n'y a pas de point focal.

2. Le menu mobile

Qu'il s'agisse d'un site mobile ou d'une application, le menu mobile soulève des questions fréquentes des designers. Doit-on utiliser des onglets ? Un hamburger menu ? Pas de menu ? Bien sûr, tout dépend du contenu et des fonctionnalités présentes.

Vous pouvez utiliser un menu directement visible si vous souhaitez orienter vers des fonctions précises, si l'utilisateur a un besoin d'accès immédiat, lorsque le menu contient peu d'éléments, lorsque vous avez peu de problématiques de place ou lorsque l'utilisateur passe souvent d'une rubrique à l'autre. Le menu directement visible permet d'avoir un accès rapide à des fonctions clés ou permet à l'utilisateur d'explorer des rubriques qu'il ne connaît pas.

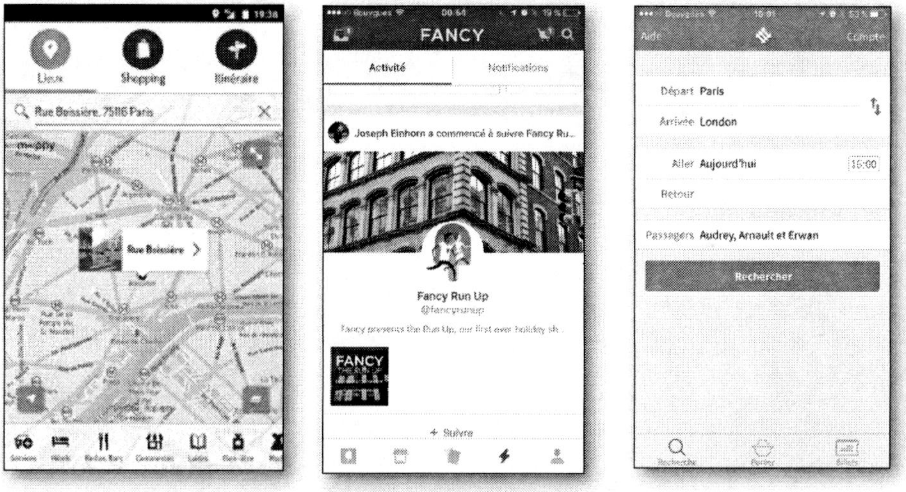

Applications Mappy, Fancy, Capitaine Train

Les actions à réaliser peuvent également se faire via un défilement des éléments du menu central.

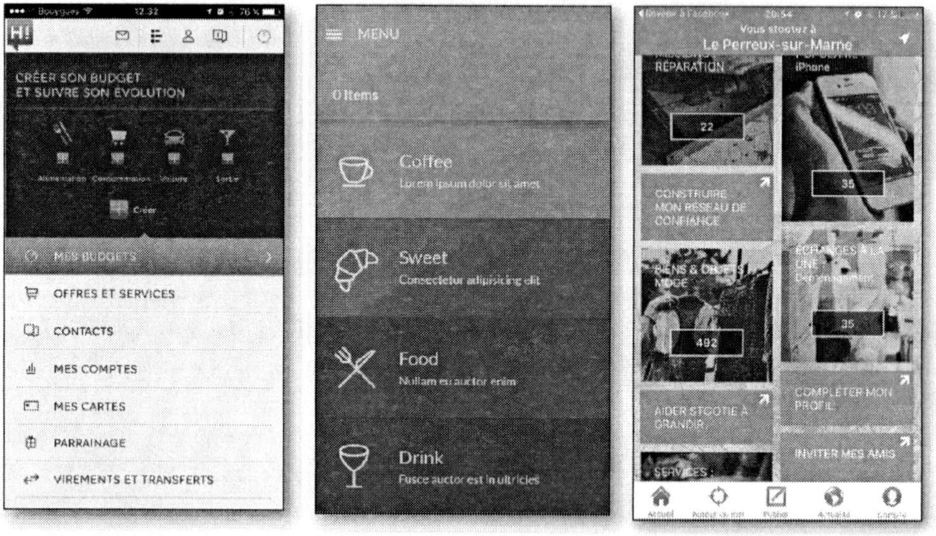

Application Hello Bank, Concep App, Stootie

<u>Le Hamburger Menu</u>

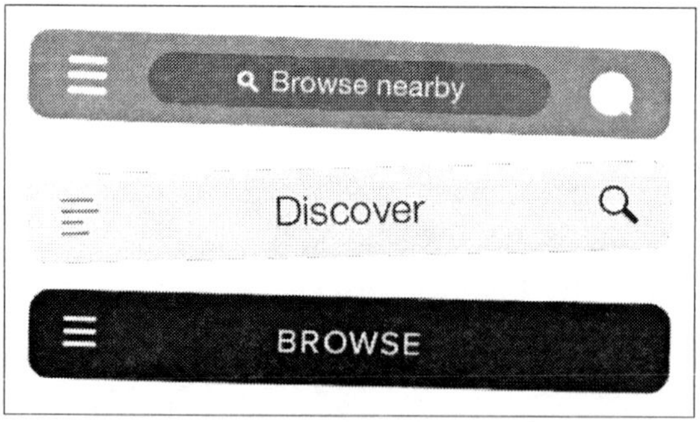

Le hamburger menu est devenu très populaire pour les sites ou applications mobiles. C'est une astuce de conception fréquemment utilisée pour ajouter des fonctionnalités supplémentaires hors de vos écrans principaux. Néanmoins, ce type de menu est de plus en plus décrié car il n'est pas intuitif, donc beaucoup moins efficace et il entre parfois en contradiction avec les guidelines des OS. Apple déconseille même son utilisation.

Cette triple barre a été détournée de l'univers mathématique et signifie à l'origine une équivalence absolue. Elle a par la suite été utilisée par le designer Norm Cox comme icône de menu contextuel pour une interface de photocopieur Xerox. Néanmoins beaucoup d'utilisateurs peinent à en comprendre le sens et de nombreux tests ont ainsi démontré son inefficacité. L'application **Zeebox** a ainsi testé les versions de son application avec et sans hamburger menu et a vu la fréquentation avec hamburger menu chuter considérablement. Si vous possédez déjà un hamburger menu, il existe quelques astuces pour améliorer son efficacité :

- Ajoutez des notifications au menu pour le rendre visible.
- Réservez-le aux éléments accessoires.
- Remplacez l'icône par le texte menu.

Néanmoins, le meilleur scénario est de revoir l'architecture de votre application et passer d'un menu hamburger à un menu visible.

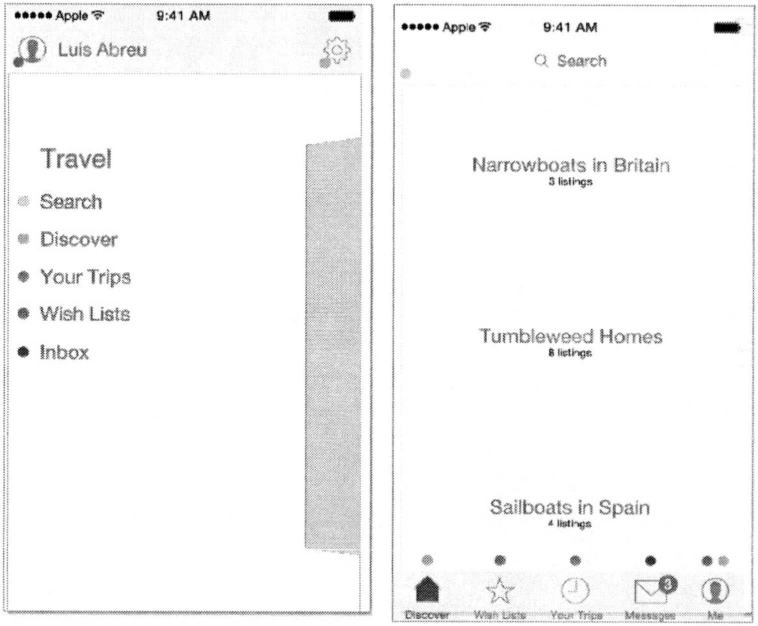

Source : Luis Abreu - https://lmjabreu.com

L'exemple ci-dessus permet de comprendre la façon de passer d'un menu hamburger à un menu visible en suivant les codes couleurs des points pour comprendre la transition des éléments entre ces deux solutions.

C'est ce travail qui a été entrepris par les équipes Redbooth. Lors de l'introduction d'une nouvelle fonctionnalité de tchat dans leur application mobile, ils en ont profité pour revoir l'ergonomie globale et repenser la navigation. Pour ce faire, ils ont effectué des recherches utilisateurs qui ont démontré que l'ajout de la fonctionnalité tchat au hamburger menu rendait cette fonctionnalité totalement inaperçue.

À travers un exercice de groupe en interne, ils ont pu identifier des fonctionnalités clés à savoir "Tchat", "Mes tâches" et "Notifications", certaines étaient présentes sur la home page et d'autre masquées dans le hamburger menu.

Ces fonctionnalités clés ont donc été intégrées dans un menu natif visible directement et représenté par une série d'onglets. En repensant l'architecture de leur application mobile, ils ont ainsi pu rendre ces fonctionnalités plus immédiatement accessibles.

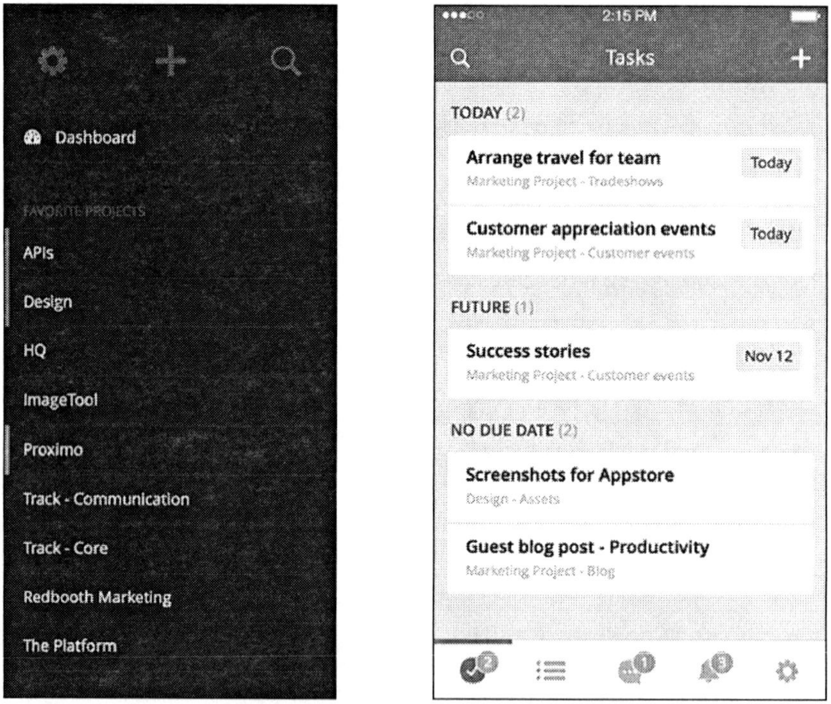

Source : Application Redbooth avant-après

Les résultats ont été sans équivoque. Les utilisateurs ont utilisé l'application beaucoup plus fréquemment, le nombre de sessions a plus que doublé et le temps de session a augmenté de 70 %. Tout en ayant une augmentation de 65 % d'utilisateurs actifs quotidiens.

3. Les icônes

Une icône est un symbole graphique représentant un objet, une action ou une idée. Elles sont une partie intégrante de notre langage visuel permettant de fournir une compréhension claire, facilement identifiable et mémorisable. Néanmoins à l'instar de l'icône hamburger, elles ne sont pas facilement compréhensibles de tous. Par exemple, celles utilisées pour expliquer les symboles de nettoyage de nos vêtements pour machine à laver sont tout simplement incompréhensibles ! Ron Technically en a d'ailleurs fait un visuel humoristique en changeant les libellés.

Source Ron Technically

N'utilisez pas une icône si sa signification n'est pas claire pour tout le monde. Une autre façon de veiller à la compréhension est d'associer du texte à vos icônes chaque fois que cela est possible. Cela devient de plus en plus important avec les icônes fonctionnelles qui exigent une compréhension immédiate pour aider les utilisateurs dans leurs tâches.

Ne négligez pas l'importance de la conception de l'icône dans votre expérience utilisateur mobile car une icône mal conçue peut avoir un réel impact sur l'utilisation d'une fonctionnalité.

C'est le cas notamment de l'application **Instagram** où l'icône message privé n'est pas comprise par les utilisateurs et par conséquent peu utilisée.

Application Instagram

4. La navigation

Le format mobile impose également d'afficher un minimum d'éléments, néanmoins il existe une technique simple pour inciter la navigation : le « cut-off design » qui consiste à couper le contenu pour inciter à dérouler la page. En suggérant qu'il existe du contenu supplémentaire, l'utilisateur comprend qu'il peut faire défiler le contenu.

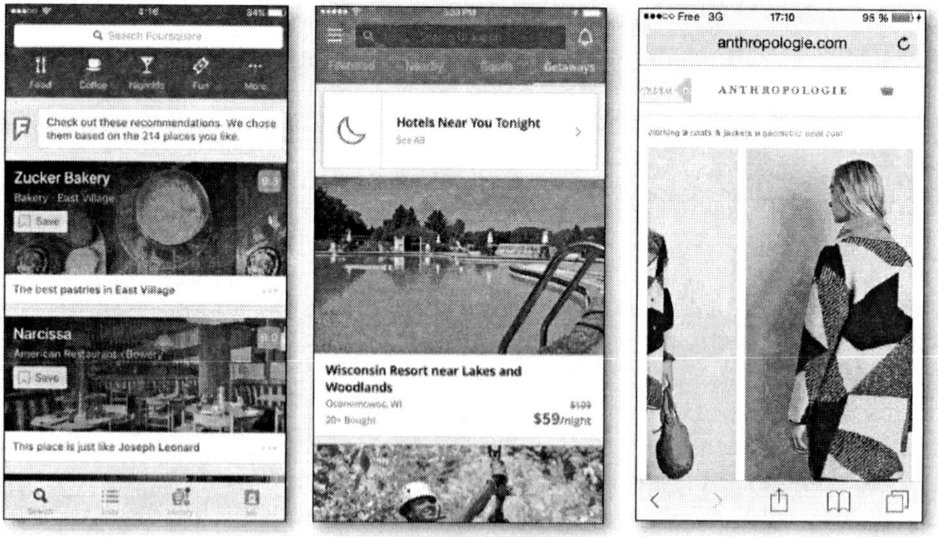

Applications Foursquare, Groupon, Zara.

Fixer les "**headers**" et les "**footers**" permet d'avoir en permanence les titres ou **call-to-action** importants en permanence visibles sur la page. De nombreux sites ou applications se retrouvent souvent avec des pages très longues. Dans un parcours d'achat, fixer le bouton « **Commander** » permet à l'utilisateur de consulter la page tout en l'incitant à passer à l'achat.

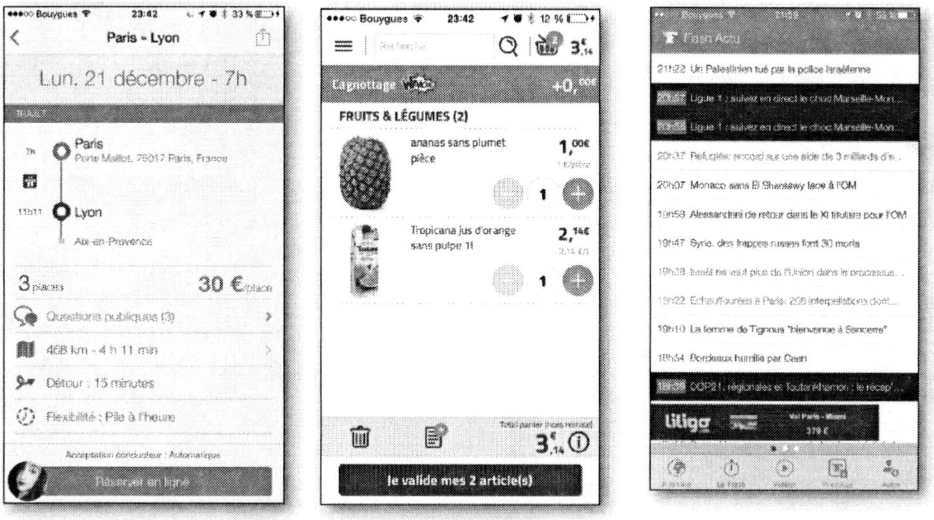

Applications BlaBlaCar, Auchan Drive, Le Figaro

5. La page d'accueil

Comme une page d'accueil de site, optimiser l'écran d'accueil mobile est un élément important pour faciliter la navigation. Pensez aux attentes clés de vos utilisateurs. **Amazon** vous présente ses recommandations basées sur vos précédents achats, **BlaBlaCar** affiche les derniers trajets consultés et **Netflix** propose de reprendre la visualisation des épisodes que vous étiez en train de regarder, action récurrente qui évite de rechercher dans un menu. Trouver les fonctionnalités, actions essentielles que vos utilisateurs réalisent le plus souvent permettra de créer de la valeur à votre application. L'application **iPad** de **Kitchen Stories** met en avant des recettes et des idées en fonction de la saison car les utilisateurs à la recherche de recettes sont en quête d'inspiration.

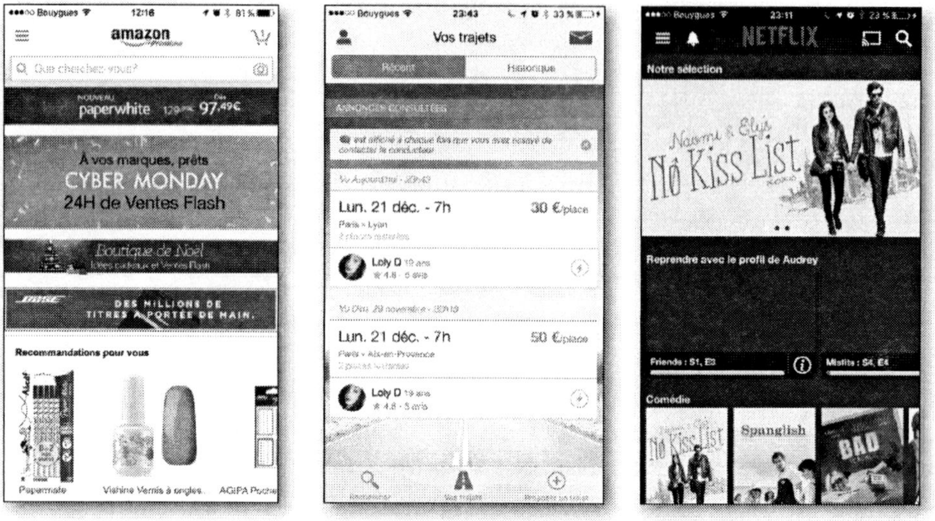

Applications Amazon, BlaBlaCar, Netflix

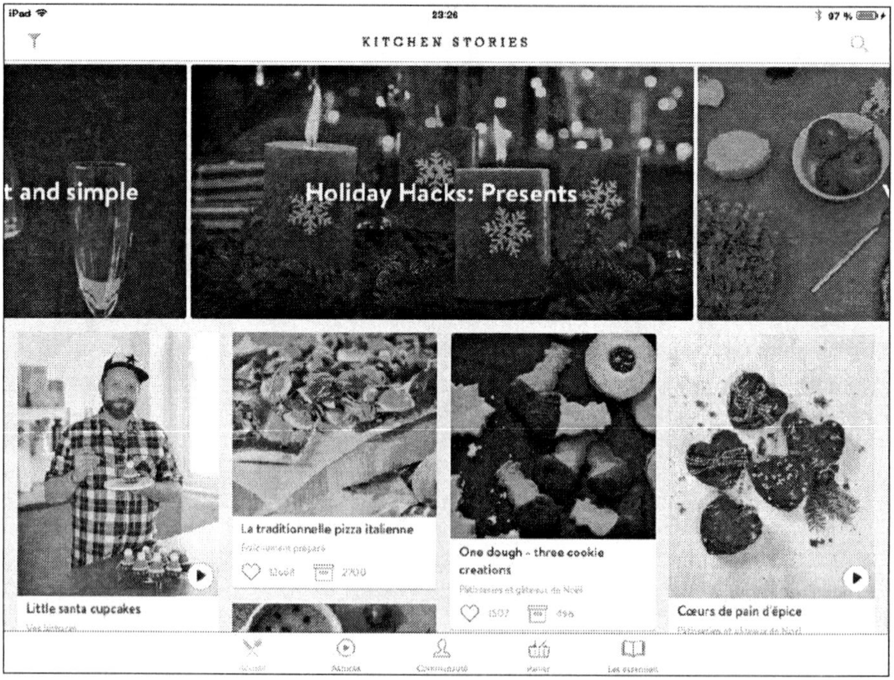

Application Kitchen Stories

L'écran d'accueil aura également un impact sur le positionnement de marque. L'application **Airbnb** met en avant l'émotionnel et laisse libre court à la recherche tandis que chez **Booking** la recherche est largement mise en avant avec des éléments de détails. Pour Airbnb l'important est d'offrir une expérience de voyage tandis que pour Booking c'est la facilité de la comparaison des offres qui est privilégiée.

Applications Airbnb, Booking

Il ne faut pas oublier que les contextes d'utilisation ne sont pas les mêmes sur mobile et tablette. Ici la **RATP** a privilégié l'itinéraire car c'est une fonction récurrente en mobilité, tandis que le format tablette faire la part belle au plan de métro.

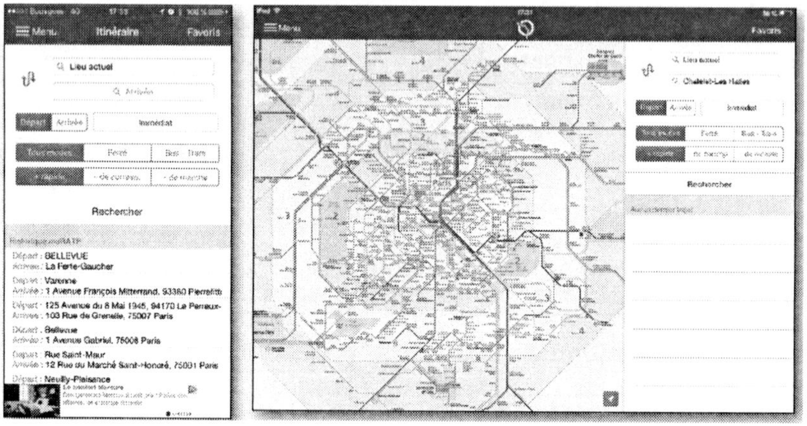

RATP

6. Les valeurs par défaut

L'utilisateur n'aime par faire d'efforts, suggérez-lui des valeurs par défaut. Dans l'application **Sharette** les champs jour et heure de départ sont pré-remplis, l'application **Swarm** propose automatiquement des lieux à proximité de votre localisation.

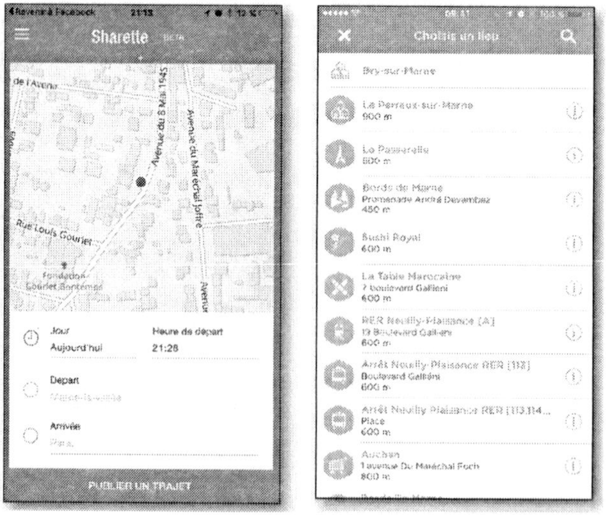

Applications Sharette, Swarm

7. Le langage naturel

Le langage naturel est une tendance émergente qui vous permet de substituer vos formulaires classiques. Au lieu d'utiliser un formulaire standard, les champs à compléter sont incorporés dans une phrase, écrite en langage naturel. L'utilisateur renseigne les mêmes informations, mais sous une forme narrative.

Recherche sur le site www.lemassif.com

Cela permet de rendre une tâche fastidieuse et rébarbative intuitive et ludique. Cette méthode permet ainsi d'augmenter vos taux de conversion. L'assureur américain Oscar l'a également utilisée pour son site responsive, en proposant dès sa page d'accueil d'effectuer une cotation en complétant une phrase en langage naturel, cassant ainsi les codes traditionnels de l'assurance. C'est en offrant des interactions plaisantes que vous offrirez une expérience qui sera plus émotionnelle et plus marquante pour les esprits.

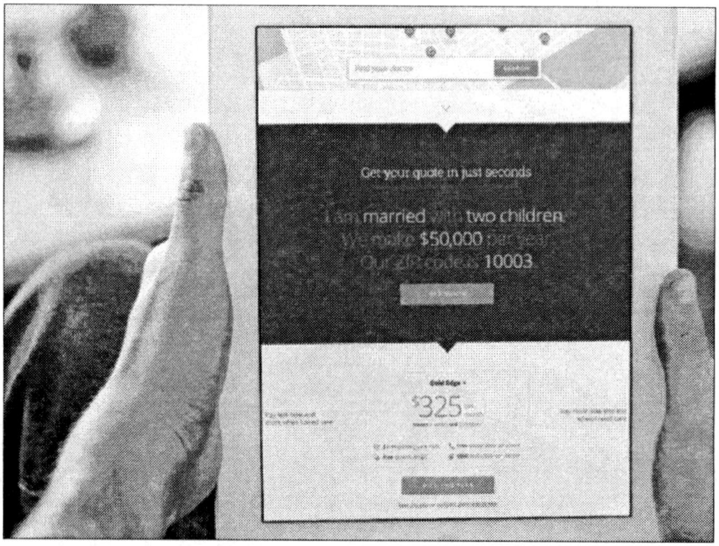

Page d'accueil du site Oscar Health Insurance

8. La gestion de l'attente

Comme le disait Albert Einstein « une heure assis avec une jolie fille sur le banc d'un parc passe comme une minute, mais qu'une minute, assis sur un poêle, chaud, paraît aussi long qu'une heure », cette phrase nous rappelle que la notion d'attente est relative. Il existe une différence entre le temps d'attente réel et le temps d'attente perçu.

Beaucoup d'applications mobiles ont eu recours à l'utilisation des écrans d'accueil pour faire patienter l'utilisateur tout en étant une surface intéressante pour le marketing. Mais ils sont généralement inefficaces et dégradent l'expérience utilisateur.

Avant de consulter l'application **la chaine météo**, il faut visualiser trois écrans avant d'avoir accès à l'information qui nous intéresse.

Application la chaine météo

Alors que l'application **Météo France** ne propose qu'un écran avant de consulter la météo du jour.

Application Météo France

Si vous souhaitez utiliser des écrans d'accueil, préférez leur donner des actions concrètes.

Applications Cbien, Chic Type, BlaBlaCar

Une technique efficace pour faire patienter l'utilisateur est de simuler une interface grâce à des squelettes d'écrans. Attendre avant d'entrer dans l'application semble plus long qu'attendre une fois entré dans l'application. On donne alors à l'utilisateur l'impression d'avancer.

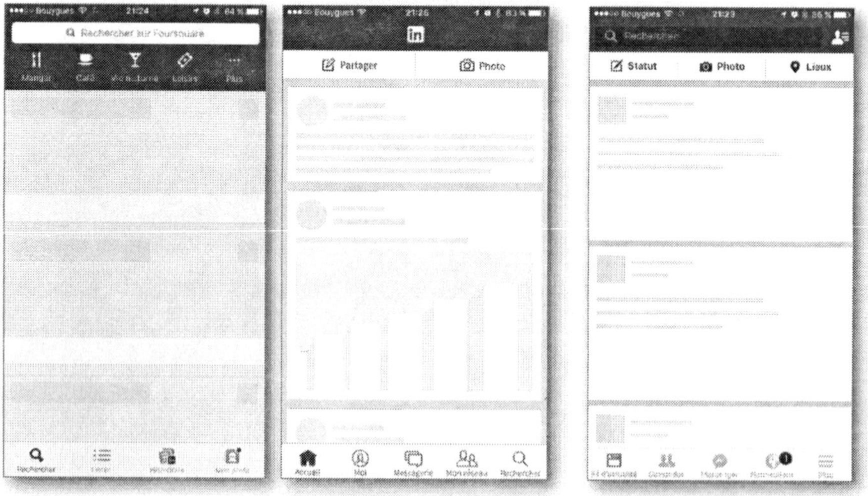

L'application **Yummly** détaille à travers un menu animé ce qui se passe pendant l'attente, celle-ci prend du sens.

Dans un moment d'interaction long, il est important de donner de l'information à l'utilisateur, cela lui permet de comprendre et donc d'éviter la frustration.

9. Guider intelligemment l'utilisateur

Il est tentant d'intégrer un tutoriel avant que l'utilisateur n'accède au service mais cela peut être source de frustration. En effet, l'utilisateur ne connaît pas encore l'application. Néanmoins, il souhaite l'appréhender par lui-même et peu consultent réellement les tutoriaux, se contentant de faire glisser les pages le plus rapidement possible.

Il est préférable de le guider au fur et à mesure qu'il utilise l'application pour l'inciter à découvrir pas à pas l'ensemble des fonctionnalités.

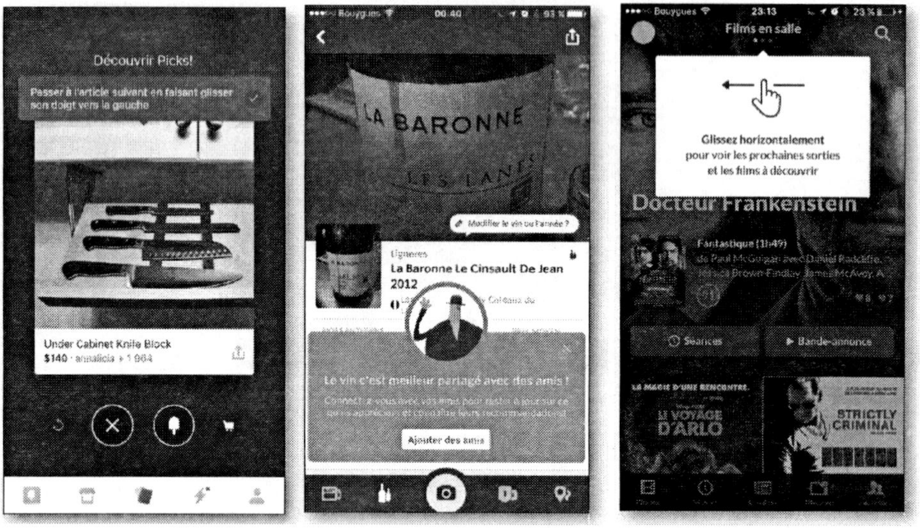

Applications Fancy, Vivino, Premiere

Éduquer précisément au bon moment selon le besoin de l'utilisateur et son parcours, c'est le principe du « Just in Time » de Luke Wroblewski.

Applications Cinéloisirs, Gmail, Recipe

Profiter également des états vides pour informer l'utilisateur des possibles fonctionnalités, plutôt que de simplement l'informer qu'il n'y a encore aucune activité.

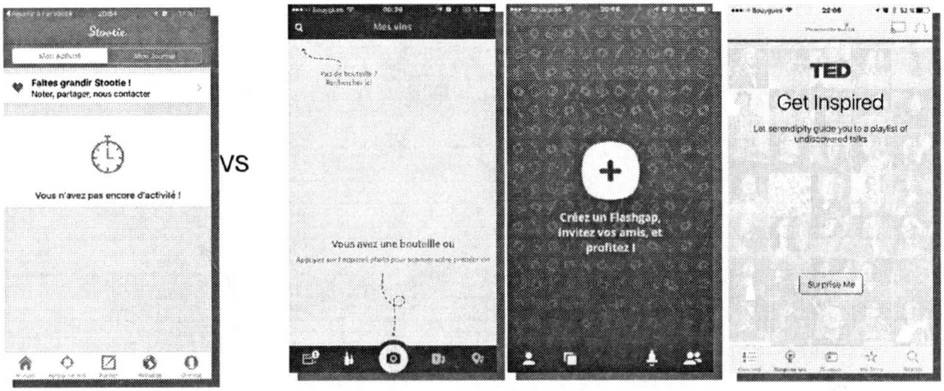

Applications Stootie, Vivino, FlashGap, Ted

10. Paiement mobile

Optimiser votre page de paiement mobile vous permettra de gagner quelques points de conversion.

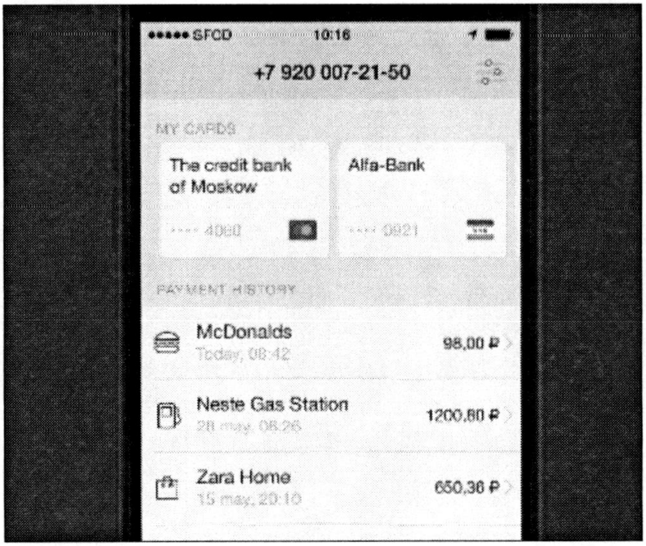

- Les quatre premiers chiffres d'une carte de crédit vous permettront d'identifier le type de carte.

- Afin d'éviter à vos utilisateurs de choisir le type de carte, vous pouvez la détecter automatiquement.

De plus en plus d'applications et de sites mobiles ont intégré la fonctionnalité de scan de carte bancaire, cela permet à l'utilisateur d'éviter de saisir son numéro de carte bancaire, tâche plutôt fastidieuse sur un mobile. L'application **Voyages-Sncf** a intégré cette fonctionnalité en 2015.

Si vous ne souhaitez pas développer nativement cette fonctionnalité, **Card.io** http://www.card.io/, start-up rachetée par PayPal, a développé un système qui permet d'utiliser la fonction de numérisation pour effectuer des paiements par scan. Ce SDK est implémenté sur les applications comme Uber, Sephora, Task Rabbit.

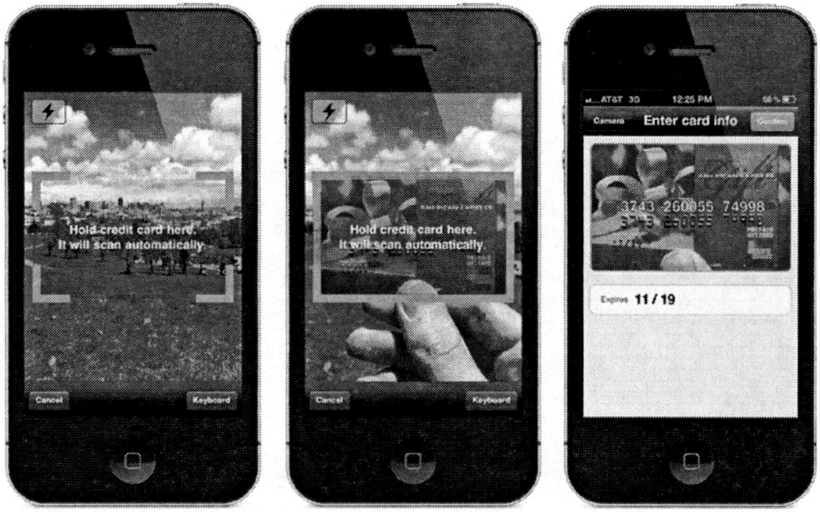

Fonctionnement de Card.io

C. Les tendances du Design Mobile

Les différentes évolutions des systèmes opérationnels ont également introduit des tendances graphiques dans l'univers du mobile. Il est important d'avoir une application moderne, proche des standards du marché, sinon votre application risque d'être perçue comme démodée, obsolète et par ricochet, ce sont vos produits ou vos services qui seront perçus comme tel. Mais n'essayez pas de calquer trop à un style graphique, vous risqueriez de vous fondre dans la masse. Apportez plutôt votre identité de marque, votre émotionnel de marque dans vos créations graphiques. L'utilisateur pourra ainsi vous différencier plus aisément et vous gagnerez un avantage compétitif.

1. Flat Design

Le **flat design** comme évoqué sur les interfaces utilisateur iOS et Android est une tendance structurante et sera majoritairement adoptée. Le flat design repose sur des principes de conception universels facilement adaptables et essentiels dans une logique mobile first. On oublie donc les profondeurs pour un style épuré, on ne cherche plus à imiter la réalité mais à la simplifier. On distingue plusieurs sortes de flat design, du graphique au photogénique, en passant par le géométrique, le flat se décline partout.

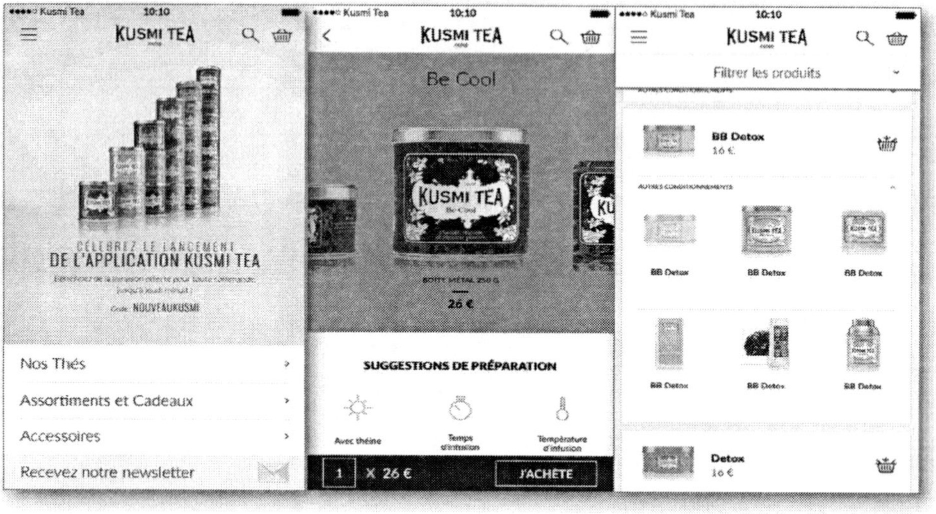

Application Kusmi Tea

Application Uniqlo RECIPE

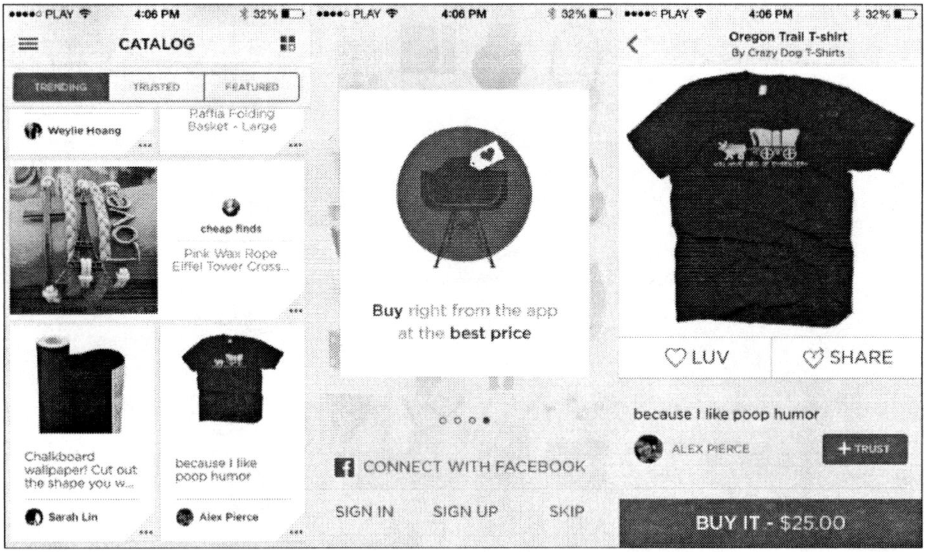

Application Luvocracy

2. La typographie

C'est une tendance issue du Web qui prend une place de plus en plus importante dans les nouveaux designs. Cette émergence est notamment due à l'évolution des navigateurs grâce à des services comme **Google fonts**, qui a permis de sortir des typographies standards. Contrebalançant la tendance du flat design, la typographie apporte dans ce contexte simplifié une certaine fraîcheur et vous permet de vous différencier de votre identité graphique. Assurez-vous néanmoins d'intégrer une typographie lisible sur mobile. Plus l'écran est petit, plus il devient important d'utiliser la typographie pour guider votre utilisateur afin de créer une hiérarchie.

Application Foodie Recipes

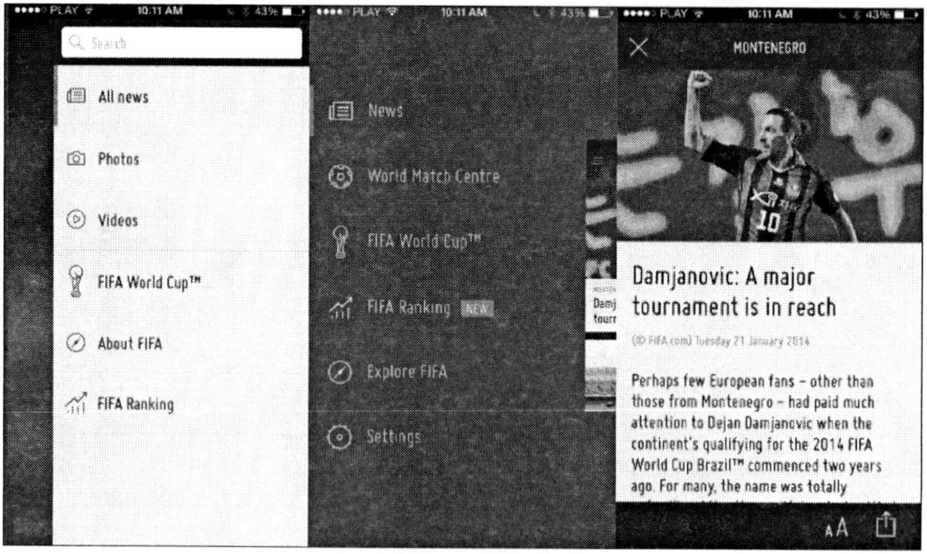

Application Fifa

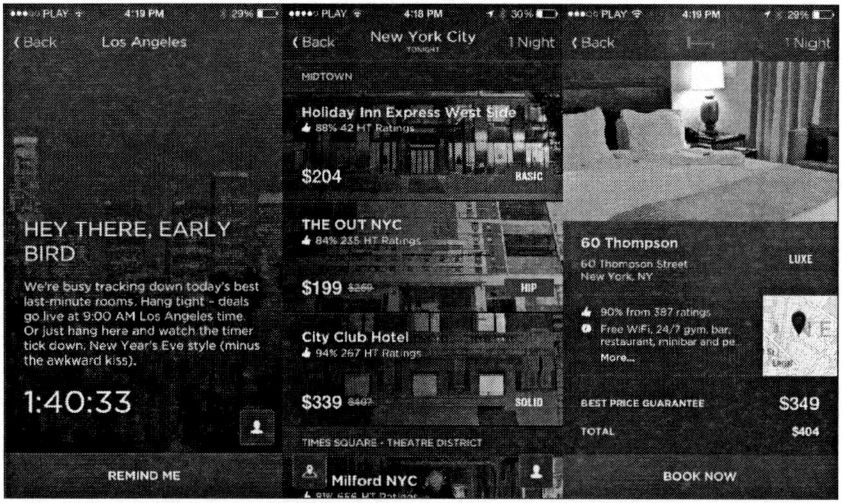

Application 10 Hotel Tonight

3. Les cercles

Le **cercle** est considéré comme l'un des objets le plus rapidement perçu par l'œil humain. Cela signifie que notre cerveau peut traiter plus rapidement des données situées dans un cercle. Cette capacité est vitale pour le mobile et peut devenir un élément déterminant dans le choix des formes des éléments essentiels. C'est ce qu'a notamment introduit Apple dans iOS7.

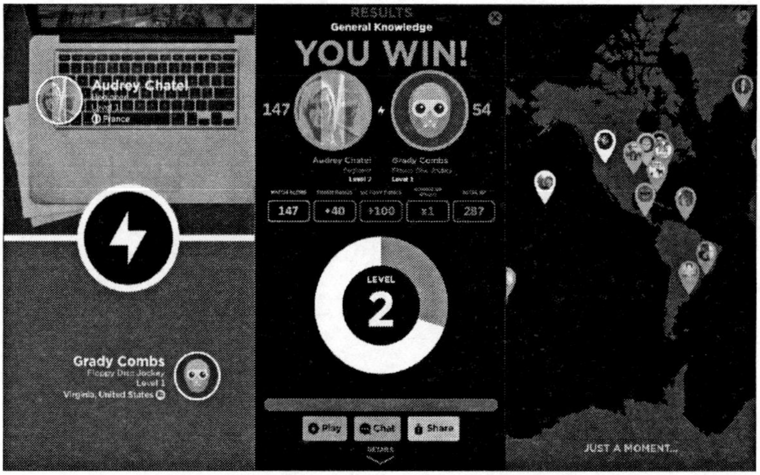

Application Quiz Up

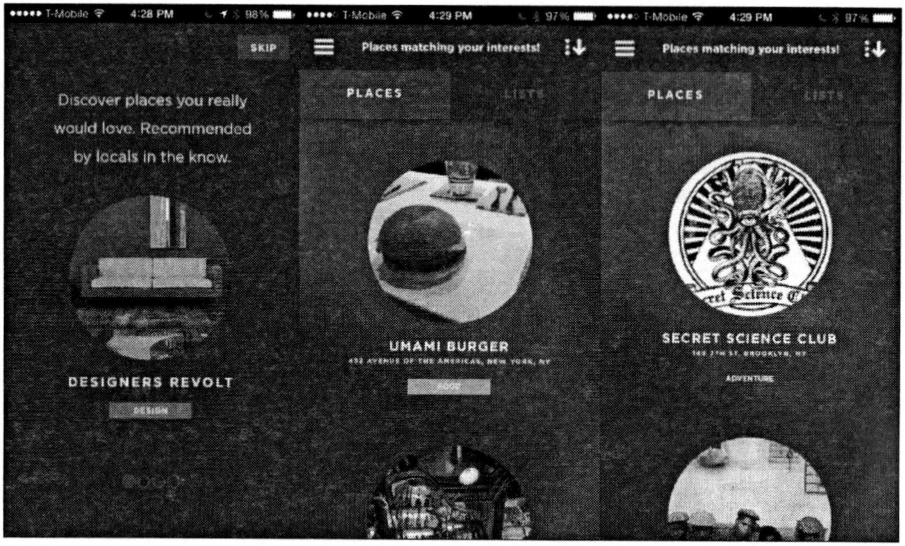

Application TriplAgent

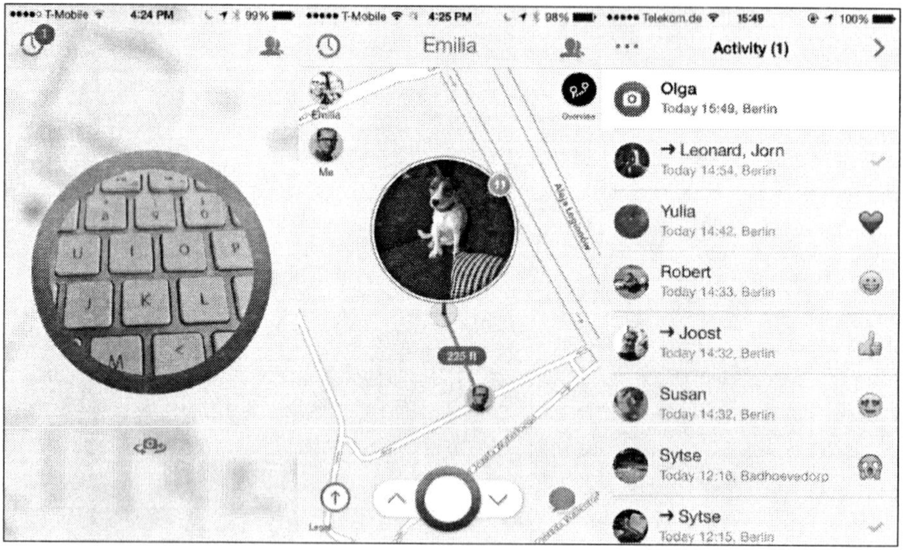

Application DingDong

4. L'image

L'image s'affiche en grand et partout. Que ce soit des photos, des vidéos ou des illustrations, on donne la part belle à l'image en mobile. Les évolutions technologiques et la vitesse croissante des connexions, notamment grâce à la 4G, permettent d'afficher des images de belle qualité sans dégrader l'expérience utilisateur.

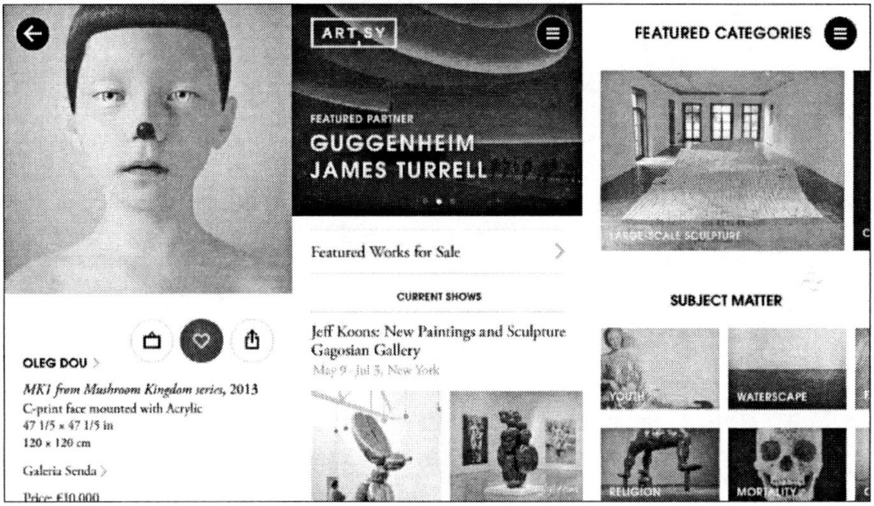

Application Artsy

Airbnb iOS

Application Zara

5. Le Blur

Les tendances graphiques de la typographie et des images ont accentué l'utilisation de l'effet **Blur**. L'idée est d'apposer un flou important aux images, en général dans des tons doux, qui donne un aspect plus épuré et permet d'obtenir une lisibilité plus accrue au texte.

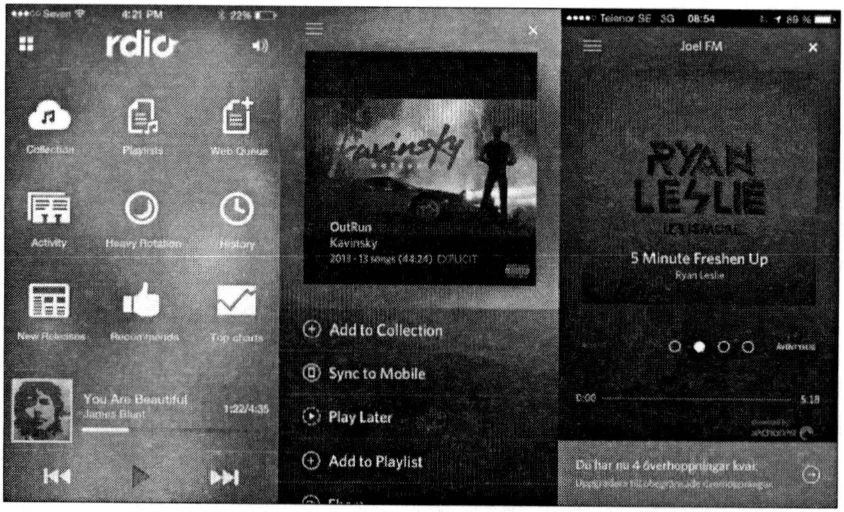

Application Rdio

Application Snapguide

Application Inspire Truth

D. L'expérience utilisateur mobile et l'adaptivité

1. Introduction

La conception adaptative pour l'expérience utilisateur mobile est un nouveau paradigme qui a déjà commencé à affecter considérablement la façon dont nous construisons des services et des applications. Alors que le monde se remplit de capteurs (et continuera de le faire), la technologie est devenue capable de nous donner une plus grande compréhension du contexte. Cette dernière a été élargie au-delà du temps, du lieu et de la situation pour inclure l'émotion et la personnalité individuelle.

Les informations sur le contexte que nous pouvons utiliser comme « capteur » sont recueillies à partir des données du GPS, de l'accéléromètre, des e-mails interconnectés, des réseaux sociaux et des données des cartes de crédit. En combinant ces capacités, non seulement nous comprenons le contexte d'utilisation mais nous pouvons également prévoir ce que souhaite l'utilisateur à un moment donné.

Google Now est un exemple intéressant d'une application adaptive qui permet aux utilisateurs de trouver les réponses aux questions auxquelles ils ont pensées plutôt qu'aux questions qu'ils ont tapées. Les systèmes adaptatifs ne sont pas seulement limités aux appareils mobiles. **Nest**, le thermostat intelligent, est un excellent exemple d'un système adaptatif intégré à l'environnement familial. En utilisant une variété de capteurs (température, humidité, toucher, activité en champ proche, activité en champ lointain et même lumière ambiante), il peut détecter s'il y a des gens à domicile et le degré d'activité de la maison à tout moment. Ce faisant, il peut automatiquement diminuer votre facture jusqu'à 20 %, en coupant automatiquement le temps de marche de la climatisation ou du chauffage.

« Les technologies les plus profondes sont celles qui disparaissent.
Elles se fondent dans le tissu de la vie quotidienne jusqu'à ce qu'elles se confondent avec. »
Mark Weiser (http://en.wikipedia.org/wiki/Mark_Weiser)

Nest est un formidable exemple d'UbiComp et de comment la technologie peut disparaître dans notre environnement jusqu'à ce que seule l'interface utilisateur reste perceptible. Basés sur des contextes de capteurs et de données utilisateurs, ces dispositifs offrent une expérience utilisateur supérieure en anticipant ce dont pourrait avoir besoin la personne avant qu'elle ne l'exprime. C'est l'avenir du design UX.

2. La pensée adaptive

Contrairement aux ordinateurs classiques, les appareils mobiles sont utilisés dans de nombreuses situations totalement différentes. Cependant, les applications mobiles ne reposent pas souvent sur le contexte de leur utilisation et ne sont donc pas employables à des fins très spécifiques.

La **pensée adaptative** est un état d'esprit qui fournit les outils nécessaires pour améliorer considérablement l'expérience utilisateur et l'usage prévu du produit en utilisant les technologies embarquées des smartphones. Il s'agit de comprendre l'environnement de l'utilisateur et d'adapter le produit à ses besoins et à sa situation. Par conséquent, nous devons d'abord concevoir pour le contexte d'utilisation, puis développer l'ensemble des fonctions qui sont déclenchées dans des situations pertinentes.

Cover Beta est une application Android intuitive qui remplace l'écran de verrouillage et prédit quelles seront les applications que vous souhaiterez ouvrir en fonction de l'endroit où vous êtes.

3. Le contexte de l'adaptivité

Une condition sine qua non pour les systèmes adaptatifs est l'évaluation précise de la situation de l'utilisateur. À cet effet, les systèmes doivent pouvoir compter sur une représentation des contextes pertinente. En fonction de la tâche prise en charge, les situations peuvent être caractérisées par plusieurs éléments différents. Par conséquent, les designers mobiles doivent se pencher sur une variété d'éléments : spatiaux, temporels, physiques et l'activité liée aux éléments pour apporter une solution efficace.

Par exemple, une application mobile qui aide les utilisateurs dans un magasin a besoin de connaître l'environnement spatial actuel des utilisateurs (par exemple, les produits qui sont à proximité), les contraintes temporelles de l'utilisateur (par exemple, le temps qu'il a à consacrer aux achats), l'intérêt général des utilisateurs et leurs préférences (par exemple, si l'utilisateur préfère le vin rouge ou le vin blanc avec du thon), les détails de la tâche en elle-même (par exemple, les éléments qui sont sur la liste des courses et les produits nécessaires) et peut-être même sur la physiologie et l'état émotionnel des utilisateurs (par exemple, si les utilisateurs apprécient le shopping ou pas).

AislePhone, une start-up israélienne actuellement en bêta-test, développe une plateforme pour un positionnement précis en magasin qui indique la position exacte d'une personne dans une allée spécifique. Grâce à cette technologie, les courses avec votre mobile sont à portée de main, un peu comme un assistant commercial personnel dans votre poche.

4. Concevoir un système adaptif

La **conception adaptative** intègre des caractéristiques à la fois subtiles et évidentes. Souvent, les qualités d'adaptation peuvent être très fines et discrètes : parfois, une simple fonction peut grandement améliorer l'expérience globale. Par exemple, avez-vous déjà remarqué que Google Search peut lire dans votre esprit ?

Lorsque vous commencez à taper, la recherche instantanée Google, en utilisant l'autocomplétion, sait ce que vous pensez même si vous entrez seulement trois lettres d'un terme de recherche. Elle le fait parce que Google Recherche considère et enregistre toutes les requêtes de recherche dans une session afin d'avoir une meilleure compréhension de l'intention de l'utilisateur.

Quand un utilisateur recherche « Les Beatles », Google l'enregistre et vous permet ainsi de découvrir rapidement Ringo Starr ou Paul McCartney avec seulement les trois premières lettres de leur nom. Il comprend le contexte de la recherche et la compare avec d'autres résultats pertinents semblables et populaires.

Google Instant comprend le contexte de votre recherche.

Bien que l'expérience doive toujours être discrète, les interfaces adaptives doivent être évidentes. Pour une meilleure expérience, les applications devraient également permettre aux utilisateurs de gérer les fonctions adaptives. Par exemple, si la nuit l'écran passe en mode nuit, l'utilisateur doit toujours être en mesure de le changer manuellement.

« *Ce n'est pas le plus fort de l'espèce qui survit, ni le plus intelligent. C'est celui qui est le plus apte au changement.* » Charles Darwin

En tant qu'êtres humains, nous nous adaptons à notre environnement naturellement ; c'est la clé de notre survie. En tant que concepteurs, nous pouvons utiliser cette capacité inhérente, nos sens physiques et les pouvoirs du cerveau pour analyser et concevoir ce que nous ferions dans des situations adaptables. Par exemple, pour communiquer dans un environnement bruyant, nous nous adaptons en élevant notre voix pour être entendu. De même, un système adaptatif va augmenter le volume d'un dispositif.

Cependant, contrairement aux ordinateurs capables de traiter plusieurs couches de données, les êtres humains ont des ressources sensorielles et une charge de travaux cognitifs limités. Les smartphones qui intègrent des capteurs très sophistiqués peuvent nous aider à analyser et à comprendre le contexte d'utilisation. La capacité du smartphone à analyser le contexte de l'utilisation en temps réel ainsi que la compréhension de son historique nous permettent de fournir une meilleure expérience utilisateur.

5. L'analyse du comportement de l'utilisateur

À travers un exemple concret, voici la façon dont l'**analyse du comportement de l'utilisateur** contribue à la création d'un système adaptatif. Dans la désormais célèbre vidéo Google Glasses, nous suivons l'utilisateur tout au long de sa matinée, tout d'abord pendant qu'il prend son petit déjeuner, puis lorsqu'il quitte sa maison en direction de la station de métro. En arrivant à la station de métro, il reçoit un message lui indiquant que le métro ne fonctionne pas et lui proposant un itinéraire à pied. Aussi utile que cela puisse être, un véritable système adaptatif d'analyse du comportement de l'utilisateur lui aurait signifié le problème de métro bien avant, et l'aurait, pourquoi pas, réveillé trente minutes plus tôt afin de lui permettre de ne pas arriver en retard.

Comprendre le comportement de l'utilisateur et connecter cela avec des API permet de cerner ses besoins et de nous y adapter. La plupart du temps, utiliser une source de données n'est pas suffisant ; il faut combiner les technologies (connectivité réseau, comportement de l'utilisateur et données des capteurs). C'est la seule façon de comprendre le contexte.

Par exemple, nous pouvons mesurer la température extérieure en combinant l'emplacement actuel de l'utilisateur avec des API météo. Nous utiliserons ensuite ces données pour proposer les numéros de téléphone des compagnies de taxi à proximité, en supposant que l'utilisateur puisse souhaiter ne pas se rendre au travail sous la pluie.

6. Utiliser l'historique de l'utilisateur

Le **ciblage comportemental** ou **personnalisation** se réfère à un ensemble de technologies utilisées par les éditeurs et les annonceurs de site web. Elles leur permettent d'accroître l'efficacité de leurs campagnes en capturant les données pour s'adapter aux besoins des utilisateurs. La technologie de personnalisation permet l'insertion dynamique, la personnalisation ou suggestion de contenu dans n'importe quel format pertinent pour l'utilisateur. Elle est basée à la fois sur des détails explicites et des comportements implicites.

Comprendre l'historique de l'utilisateur est possible avec une connexion réseau. Cependant, la connectivité réseau n'est pas seulement importante pour comprendre l'utilisateur et ses données en ligne. Elle est un instrument vital qui relie toutes les autres technologies ensemble – le cloud computing, la météo, la circulation ou même la connexion elle-même (Wi-Fi ou 3G) – et nous aide à comprendre le contexte. En fin de compte, les possibilités inhérentes à la compréhension et la conception de l'utilisateur – son contexte – sont construites grâce à la collecte des données des capteurs et des données utilisateurs via le réseau.

7. Les données des capteurs

Un **capteur** pour les systèmes adaptatifs est une technologie qui permet à un périphérique de comprendre et d'évaluer le contexte. Cela peut être un accéléromètre, un appareil photo, une montre ou encore un microphone. Nous pouvons utiliser les différents capteurs embarqués dans les smartphones pour mieux comprendre l'environnement de l'utilisateur. Par exemple, l'accéléromètre intégré peut être employé pour évaluer si un utilisateur marche ou court.

Il existe deux principaux scénarios d'utilisation de capteurs. Le premier concerne les objets de tous les jours qui peuvent transmettre des données comme la température ou les sons. Par exemple, **iGrill**, un thermomètre de cuisson, est une application qui communique avec les smartphones via une connexion Bluetooth. Le second porte sur les applications mobiles qui utilisent les capteurs intégrés pour recevoir les données et les interpréter pour l'utilisateur. En utilisant ces capteurs et les autres technologies évoquées ci-dessus, nous pouvons souvent obtenir des renseignements puissants sur le contexte d'utilisation et les prendre en compte pour créer des systèmes adaptatifs.

Aujourd'hui, nous commençons tout juste à voir le potentiel de l'utilisation des capteurs et de la technologie pour communiquer entre des périphériques et des personnes. Le terme **objets connectés** se réfère à des objets qui sont connectés au réseau tels le **Flower Power** de Parrot pour penser à arroser vos plantes ou **Kolibree**, la brosse à dents qui vous donne des indications sur votre hygiène. Il ne fait aucun doute que la conception adaptative jouera un rôle clé dans les futurs appareils et les interfaces utilisateurs fonctionnelles qui donnent aux personnes un contrôle intuitif sur leur environnement dans une situation ou un contexte.

E. Construire le design

1. Le prototype papier

À l'ère de la technologie moderne, il peut parfois être rafraîchissant de revenir aux outils que nous avons utilisés à la maternelle. Papier, ciseaux, colle, feutres de couleur – ce que nous utilisions autrefois pour faire de magnifiques collages et coloriages – peuvent maintenant être utilisés pour la création de prototypes rapides et utiles.

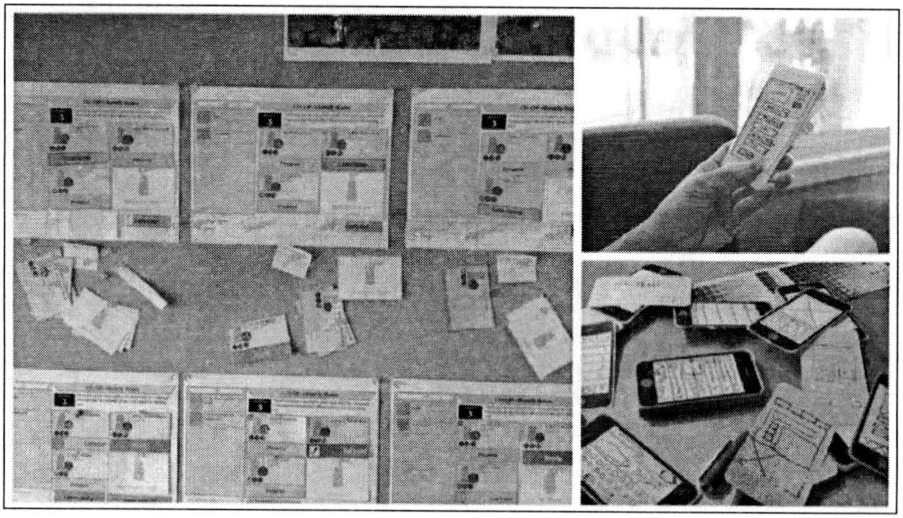

Photos de Caryn Vainio, Winnie Chang, Adrian Kosmaczewski

Avantages du prototypage papier

Les avantages du **prototypage papier** sont assez simples : ils ne sont pas chers, sont rapides à faire et il est facile de faire collaborer les personnes avec cette méthode. Shawn Medero, architecte à l'Université de Washington, estime que le démarrage sur papier peut être une tactique étonnamment utile dans la mesure où les interfaces deviennent plus complexes et les calendriers de développement plus courts. Voici quelques raisons :

Itération rapide : que préférez-vous jeter : deux heures de codage ou un croquis fait en vingt minutes ? En raison de la nature très dynamique de la phase de prototypage, vous allez sans doute avoir un peu de gaspillage. Parfois, il n'est donc pas utile de passer beaucoup de temps sur une conception.

Petit budget : les prototypes papier peuvent être construits avec des fournitures déjà présentes dans votre bureau. Tout ce dont vous avez besoin est : du papier, un crayon ou un stylo, des ciseaux et un peu de créativité. Si vous souhaitez obtenir plus de fun, prenez quelques Post-It.

Une collaboration plus ludique : il est difficile de ne pas se lier quand vous donnez des fournitures artistiques à un groupe de personnes et leur demandez de créer. Le caractère occasionnel du papier invite à plus de participation et de rétroaction que vous devriez encourager autant que possible.

Une documentation facile : les versions précédentes du prototype sont juste là, en face de vous. Pour une partie de la conception, elles vous servent de documentation. En outre, des notes techniques peuvent être attachées aux prototypes eux-mêmes.

De plus, une rapide session de prototypage papier peut aider à trouver des solutions quand vous êtes coincé avec votre prototype numérique. Les prototypages papier ou numérique n'ont pas à être exclusifs, ils peuvent se compléter mutuellement si vous jouez sur les forces de chacun.

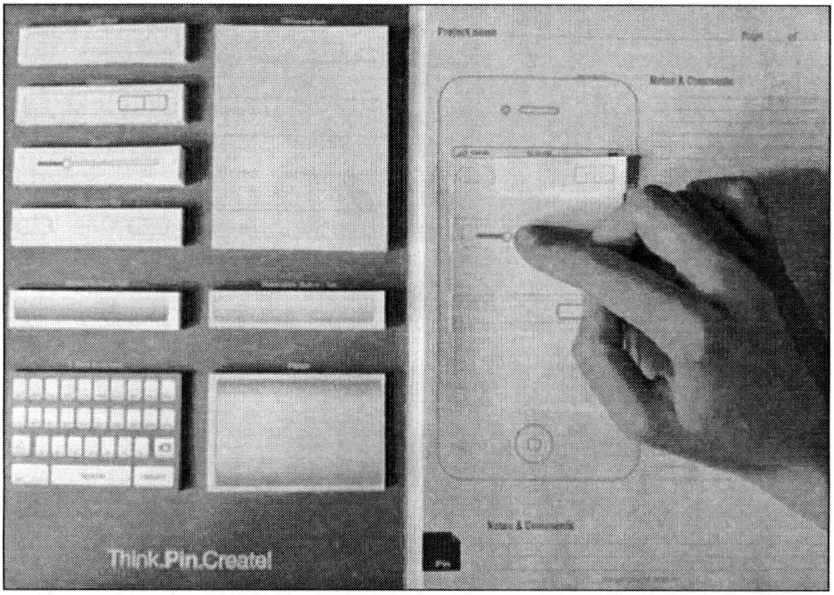

Kit de prototype papier pour iPhone

Il existe également des kits de prototype (https://www.uxpin.com/mobile-kit-for-iphone.html) pour le mobile qui reprennent les différents aspects de l'interface utilisateur afin de faciliter le travail de conception.

Inconvénients du prototypage papier

Toutefois, le prototypage papier n'est pas fait pour tout le monde. Jake Knapps, le designer qui se cache derrière Google Hangouts, affirme que c'est une « perte de temps ». Voici certains de ses inconvénients manifestes :

Il peut générer des faux positifs : bien que le prototypage papier puisse être utile pour des processus individuels, vous devez expliquer le contexte. Sinon, vous pourriez obtenir des retours basés sur vos efforts (« Comme c'est créatif ! »), ne reposant pas sur votre produit réel (« La navigation est source de confusion »).

Pas de réactions instinctives : la recherche doit être fondée sur des réactions de vos utilisateurs, celles qui viennent naturellement sans penser. Parce que le prototype papier oblige l'utilisateur à imaginer ce que sera le produit final, vous obtiendrez des informations sur un produit livrable au lieu de réactions à quelque chose qui ressemble au produit.

Il peut être plus lent que les outils de prototypage : étant donné la grande sélection d'outils de prototypage, vous pouvez obtenir des prototypes assez rapidement avec l'avantage supplémentaire de fonctionnalités de collaboration. Tout dépend de vos préférences.

En conclusion, le prototypage papier peut être un excellent moyen d'explorer des idées (aussi longtemps que vous connaissez ses limites). Dessinez des croquis pour explorer vos propres idées, puis exécutez un test d'utilisabilité de couloir rapide avec 3 à 5 personnes. Ensuite, vous pouvez passer à une plateforme numérique pour le wireframing et un prototypage de qualité.

2. Le wireframe

Le **wireframe** ou « maquette fil de fer » ou encore zoning en français consiste à schématiser sa page web, l'interface d'un logiciel ou une application de façon plus ou moins complète. C'est l'outil qui est le plus souvent associé à un UX designer. Ces écrans sont généralement réalisés à l'aide de logiciels spécialisés tels que Axure, UXPin, Invision, OmniGraffle et d'autres. Ces outils permettent de transformer assez simplement un wireframe dans un prototype interactif sans écrire une seule ligne de code.

Certains designers préfèrent néanmoins utiliser des logiciels de création comme Photoshop™, Illustrator™, InDesign™. José Vittone, UX designer, que j'ai pu rencontrer au salon MOBX a l'habitude de dire « *Les meilleurs outils sont ceux avec lesquels vous vous sentez le plus à l'aise.* ». Il n'y a pas de règles à proprement parler mais il est néanmoins intéressant de savoir quels outils vont utiliser vos designers qu'ils travaillent en freelance ou en agence. Vous serez également appelés à visualiser et à commenter ces wireframes. Mieux vaut être à l'aise avec l'outil.

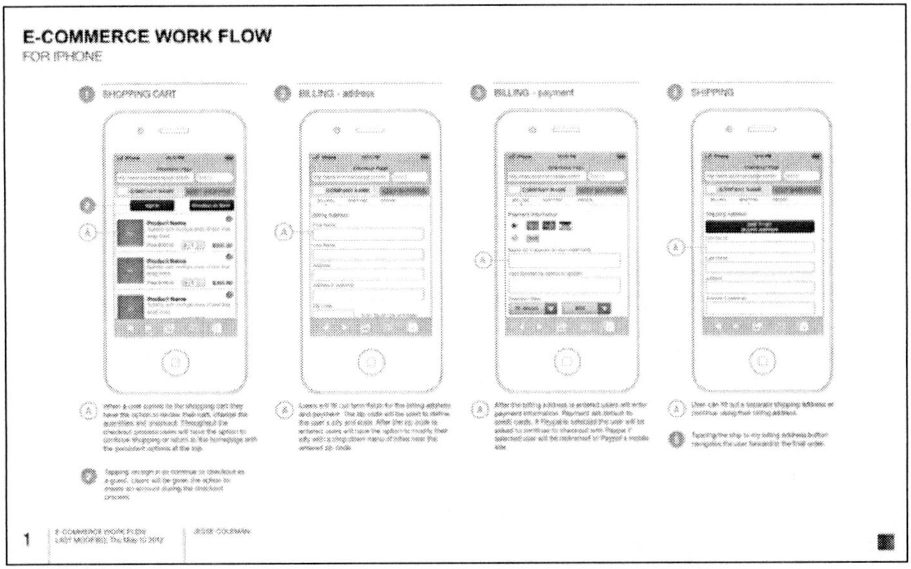

Wireframe iPhone e-commerce work-flow Template (source http://www.jessebob.com)

Plus précisément, ils sont les représentations visuelles d'une interface et sont utilisés pour communiquer les informations suivantes :

- **Structure** : comment seront mis en place les éléments de l'application ?
- **Contenu** : qu'est-ce qui sera affiché sur l'application ?
- **Architecture de l'information** : comment est organisée cette information et quel contenu s'affiche ?
- **Fonctionnel** : comment fonctionne l'interface ?
- **Comportement** : comment interagit-il avec l'utilisateur ? Et comment ce dernier va-t-il se comporter ?

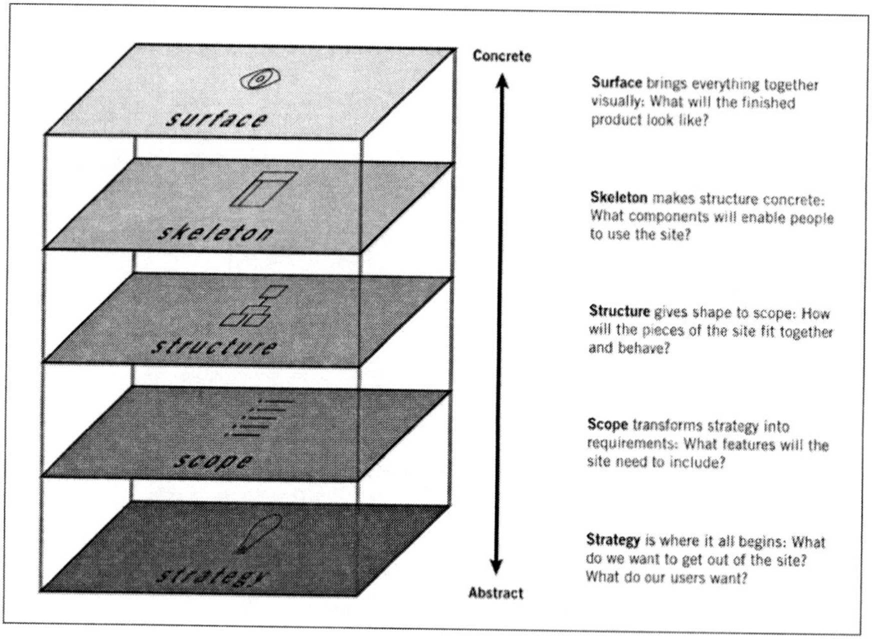

Jesse James Garret, The Elements of User Experience

Les wireframes ne sont pas censés représenter la conception visuelle, les choix graphiques déterminés ou transposer la marque ou son identité. Ces schémas ont pour utilité de donner une représentation schématique du projet pour concevoir et décrire l'interface utilisateur. De façon schématique, les zones thématiques de l'interface sont identifiées et une fonction leur est affectée : navigation, contenu, fonctionnalités et actions. Les contenus, fonctions et informations sont détaillés, leur taille relative ainsi que leur importance visuelle sont définies précisément. Pour garantir cohérence, lisibilité et adéquation entre forme et fonction ainsi que le bon enchaînement des écrans les uns entre les autres, ce travail est effectué par itérations.

Les logiciels pour la création d'un wireframe

Il existe de nombreux avantages à utiliser un logiciel de wireframe, notamment :

- disposer d'une bibliothèque de composants web réutilisables,
- déplacer facilement les blocs de contenu,
- permettre un travail collaboratif en ligne,
- exporter son wireframe pour ses collaborateurs et/ou clients.

Il existe aujourd'hui plus d'outils de wireframing sur le marché que jamais, chacun offrant divers niveaux de fonctionnalité. Certains logiciels pourront être utilisés uniquement pour des représentations wireframe simples, tandis que d'autres vous permettront de créer un prototype fonctionnel.

Comme expliqué précédemment, à vous de trouver l'outil qui vous correspond. Voici cependant une liste non exhaustive. J'ai pu tester certains d'entre eux, d'autres m'ont été recommandés :

Axure

http://www.axure.com/

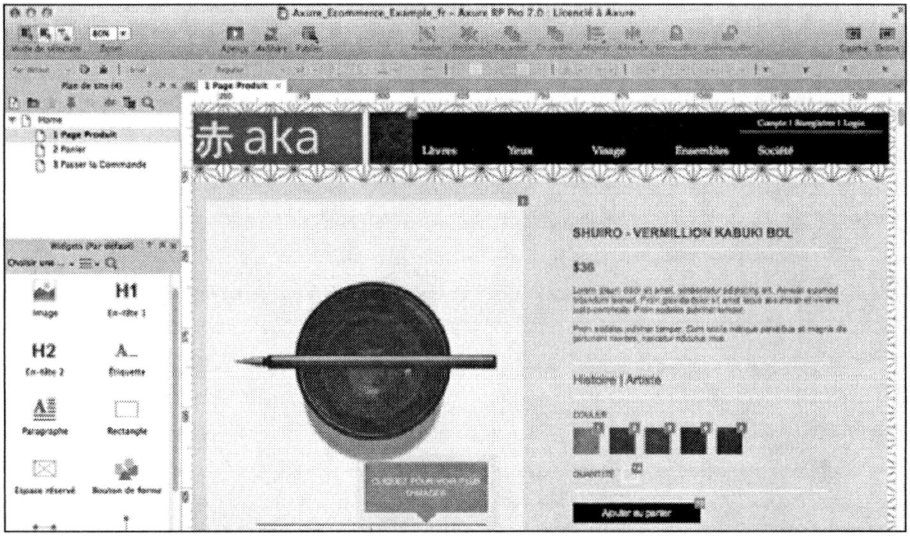

Plateforme : Mac et Windows - Prix : $ 289 - $ 589

Outre la création de wireframes, Axure vous permet d'ajouter des fonctionnalités à votre disposition et de créer un prototype interactif. Les caractéristiques de cet outil de wireframing comprennent sitemaps et « widgets » sous la forme de divers éléments de l'interface utilisateur. Des maquettes HTML interactives peuvent être créées pour les deux sites web et les applications ; vous pouvez même voir la conception de votre application sur votre téléphone avec une fonction de partage intégrée.

UXPin

http://www.uxpin.com/

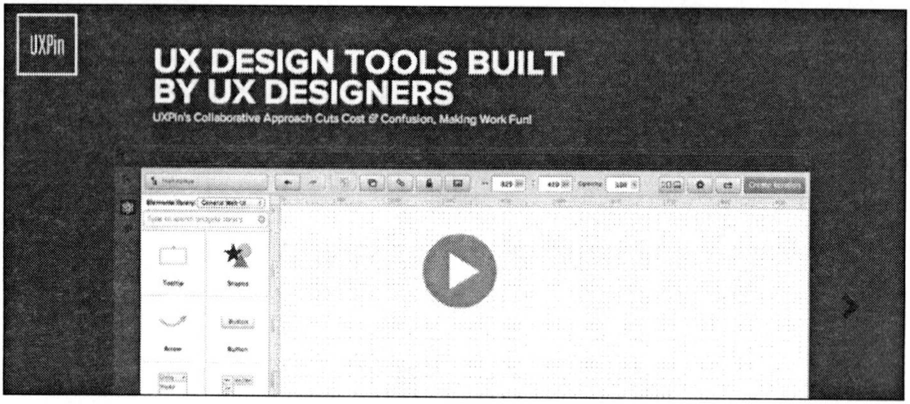

Plateforme : Cloud - Prix : $ 15 - $ 40 par utilisateur/mois

UXPin est une application de conception UX qui crée des wireframes et des prototypes interactifs. L'utilisateur dispose d'un kit avec des éléments de conception communs et une bibliothèque d'éléments d'interface utilisateur personnalisée. UXPin possède une version de commande et permet aux utilisateurs de partager des projets avec les intervenants et les clients.

Invision

http://www.invisionapp.com

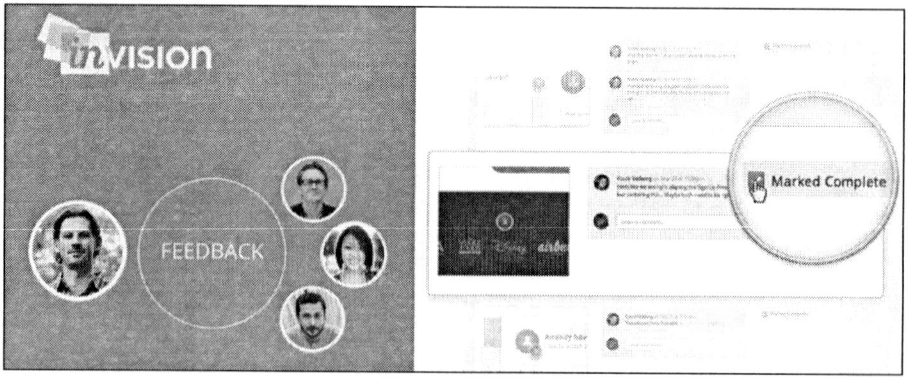

Plateforme : Cloud - Prix : $ 13 - $ 90 par mois

Invision peut transformer vos créations en des prototypes de haute fidélité pour le Web et mobile. Il est intégré avec Photoshop, Fireworks et Illustrator. Vous pouvez télécharger des images et utiliser les hotspots pour créer des interactions comme une véritable application. Vous pouvez également envoyer les liens mobiles à vos collaborateurs/ clients et obtenir des réactions de leur part.

Solidify

http://www.solidifyapp.com/

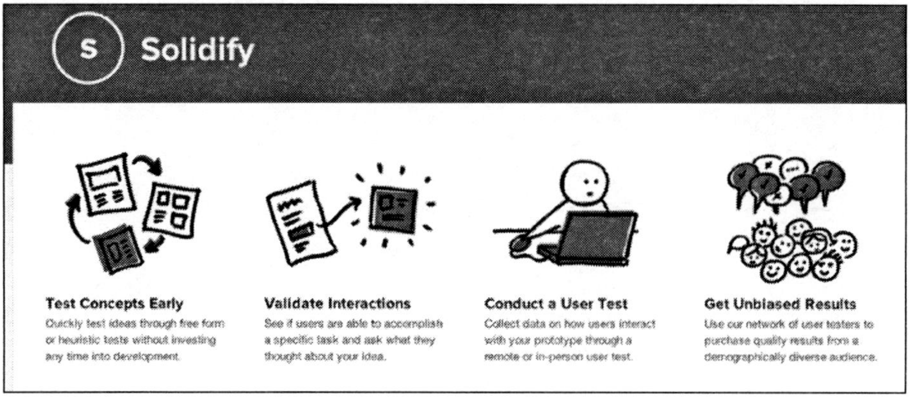

Plateforme : Cloud - Prix : $ 19 - $ 49 par mois

Solidify est un outil complet qui vous permet de créer des prototypes cliquables spécialement orientés pour les tests utilisateurs. Vous pouvez tester les interfaces à toute phase du développement. Il est possible de créer des prototypes adaptés et de les connecter avec les testeurs à travers le monde. L'outil vous donne des rapports sur des données du comportement de l'utilisateur, par exemple lorsque les utilisateurs cliquent, ainsi que d'autres rapports d'usabilité.

OmniGraffle

http://www.omnigroup.com/omnigraffle

Plateforme : Mac et iPad - Prix : $ 99,99 - $ 199,99

OmniGraffle est l'un des logiciels préférés des utilisateurs de Mac, il fait une transition en douceur et évidente pour l'iPad. C'est effectivement un outil d'idées qui vous permet de créer rapidement un ensemble de wireframes, les diagrammes, les diagrammes de processus ou des mises en page. Vous sélectionnez un type de document et OmniGraffle rend contextuels les liens entre des éléments séparés, reliant automatiquement des lignes dans les diagrammes et assurant l'alignement des formes et des éléments du wireframe ou des mises en page.

Proto.io

http://www.proto.io/

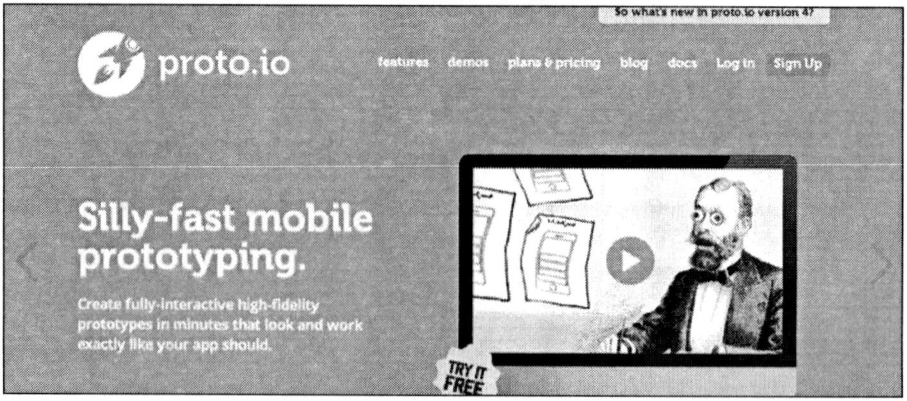

Plateforme : Cloud - Prix : $ 29/mois - $ 199/mois

Avec proto.io, vous pouvez créer des prototypes de haute fidélité qui fonctionnent exactement comme votre application réelle le ferait. Sélectionnez le terminal et ajoutez des composants pour créer votre interface. Proto.io a été spécifiquement créé pour mobile, il peut émuler des transitions d'écran, des changements d'orientation ou des gestes du toucher.

HotGloo

http://www.hotgloo.com

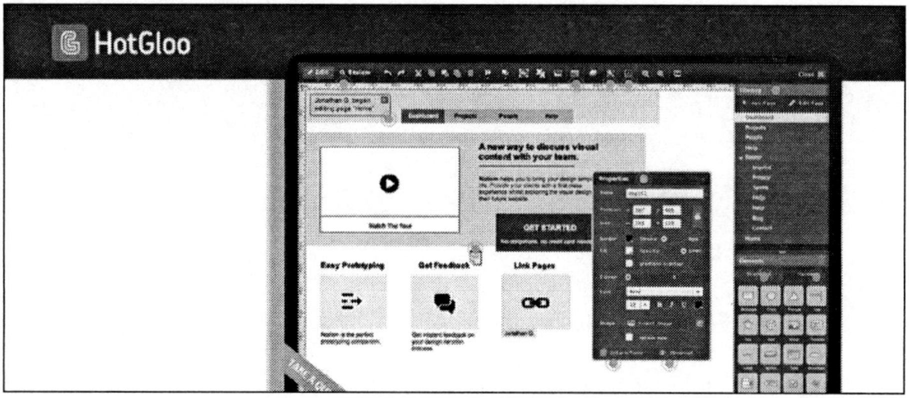

Plateforme : Cloud - Prix : $ 6/mois - $ 49/mois

HotGloo vous aide à créer des wireframes et des prototypes de basse à haute fidélité. Avec HotGloo, vous pouvez enfin réaliser vos concepts d'une manière rapide, simple et belle. Vous avez la possibilité de maquetter une idée, de recueillir des commentaires, avis et d'améliorer votre concept au fil du temps.

POP

http://www.popapp.in

Plateforme : application iOS, Android, Windows Phone -
Prix : Achat intégré $ 11,99/mois - $ 29,99/mois

POP est une application mobile qui vous permet d'importer vos croquis en prenant une photo. POP ajuste automatiquement la luminosité et le contraste pour vous assurer que vos croquis sont lisibles et clairs. C'est un complément pratique à vos prototypes papier.

Comment utiliser les wireframes ?

Le but de chaque wireframe varie légèrement selon les personnes qui créent ou qui les utilisent dans la société. Qu'il soit esquissé, « zone grise », fait dans Photoshop ou dans un logiciel de wireframing, la même information peut être transmise. Par conséquent, ce qui est important, c'est moins l'outil et plus la vitesse à laquelle vous pouvez transmettre l'information dont vous avez besoin. Ergonomes, UX designers et architectes de l'information utilisent des wireframes pour montrer aux utilisateurs le fil entre les vues ou les pages. Typiquement, une combinaison de schématisation, scénarisation et wireframing est utilisée pour atteindre cet objectif.

Les UX designers utilisent des wireframes pour pousser l'interface utilisateur dans le processus de développement. Ils peuvent inspirer le concepteur, l'entraînant dans un processus créatif plus fluide et qui est finalement utilisé pour créer des maquettes graphiques, des prototypes interactifs et la conception finale. Typiquement, une combinaison de croquis, storyboards et wireframing en basse ou haute fidélité est utilisée pour atteindre cet objectif. Les développeurs utilisent les wireframes afin d'avoir une idée plus concrète de la fonctionnalité pour l'application mobile ou le site. Ils donnent au développeur une image claire des éléments dont il aura besoin pour coder.

Dans l'exemple suivant, vous verrez la plupart des détails sur la structure du produit, la fonctionnalité et le comportement - avec cependant des informations limitées sur le contenu ou la hiérarchie de l'information que nous allons laisser au designer graphique.

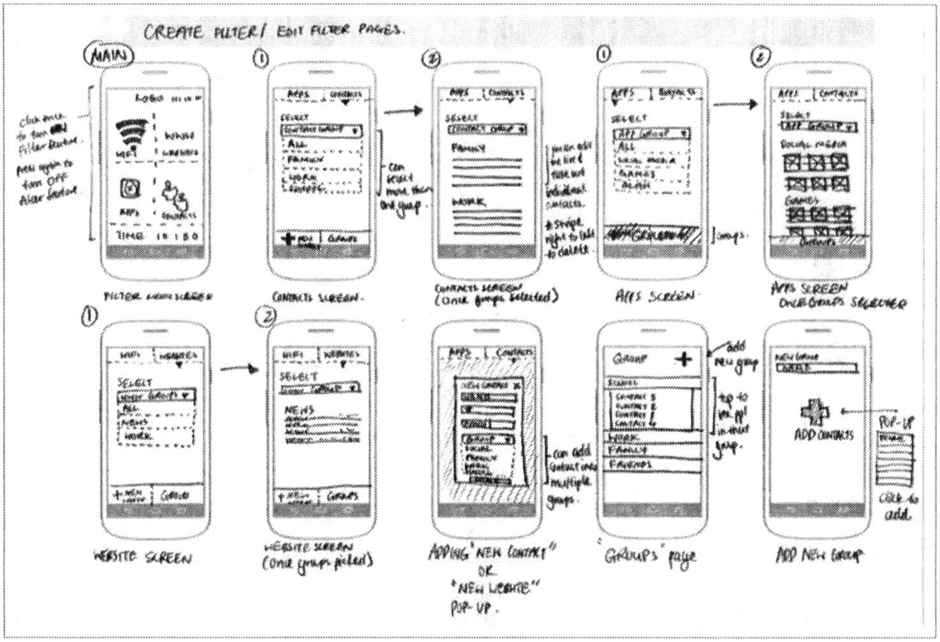

Exemple de wireframe mobile par Jianilu

Les designers graphiques utilisent les wireframes pour créer le graphisme de l'application. Les graphistes ou le directeur artistique doivent être impliqués dès la phase de wireframing, ceci afin d'être en adéquation sur des éléments qui seraient trop détaillés. Les wireframes doivent les inspirer et non les contraindre afin qu'ils puissent rester dans un processus créatif fluide.

En fin de compte, le wireframe est utilisé pour créer des prototypes interactifs, des maquettes graphiques et la conception finale. Typiquement, une combinaison de croquis, storyboards et wireframing en basse ou haute fidélité est employée pour atteindre cet objectif.

3. Les maquettes graphiques

Réaliser des **maquettes graphiques**, c'est avant tout apporter une identité visuelle au wireframe. Les codes couleurs, les polices de caractères, les pictogrammes, les images, le logo vont donner de la personnalité à l'interface. C'est une incarnation de la marque qui va transformer l'aspect général avec une part d'interprétation et de création qui représente la touche personnelle du directeur artistique.

Exemple de wireframe et de maquette graphique

Rien ne matérialise mieux le projet que la maquette graphique : elle rend compte de toute la sensation de l'interface, son ambiance visuelle, sa tonalité, son attrait, son contraste et sa lisibilité. Le caractère concret de la maquette graphique ne doit pas nous faire oublier que les écrans ont des tailles et des rendus variables.

Cette étape constitue le dernier maillon de la conception avant de basculer en production. Les maquettes graphiques sont réalisées :

- soit à l'aide d'un logiciel d'édition graphique (comme Photoshop™, Illustrator™),
- soit directement en HTML/CSS (feuilles de style) avec l'avantage, dans ce cas, de s'adapter aux conditions variables d'affichage.

Maquette Interactive Mobile Marvel App

Pas besoin de savoir coder avec **Marvel**. Grâce à son interface simple et intuitive, il est facile de créer des prototypes réalistes en quelques secondes. Il suffit d'importer vos images de dropbox et de commencer à les relier. La manipulation est très abordable et ne nécessite la maîtrise d'aucune technique particulière.

Marvel est parfait pour les concepteurs qui veulent rapidement prototyper leurs idées et les tester avec leurs collègues ou leurs clients sans perdre de temps. L'outil existe aussi sur Iphone et Android.

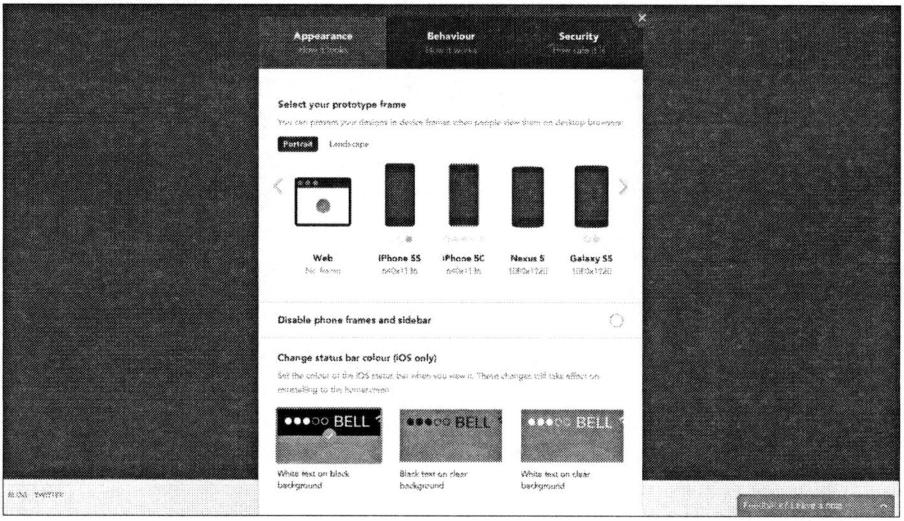

F. L'importance des tests utilisateurs

Que votre projet s'applique à un site mobile ou à une application, vous devez le tester. Après avoir travaillé sur un site ou une application, même seulement pendant quelques semaines, vous ne pouvez plus le voir de la même façon, vous en savez trop. La seule façon de savoir s'il fonctionne vraiment, c'est de regarder d'autres personnes qui essaient de l'utiliser.

Le test vous rappelle que tout le monde ne pense pas comme vous, ne sait pas ce que vous savez et n'utilise pas le mobile de la même manière que vous. La meilleure façon d'imaginer un test utilisateurs est de penser à un voyage. Il vous rappelle à quel point les personnes sont différentes et similaires à la fois et il vous donne une nouvelle perspective des choses.

Finalement, le test utilisateur pourrait être comparé à une situation où vous avez des amis en visite dans votre ville. Inévitablement, vous faites le tour des sites touristiques avec eux, vous voyez certains aspects de votre ville que vous ne remarquiez pas habituellement parce que ces lieux vous sont très familiers. Et en même temps, vous vous rendez compte que beaucoup d'éléments que vous preniez pour acquis ne sont pas évidents pour tout le monde. Par exemple, le métro parisien peut être une habitude pour vous mais un casse-tête pour vos amis étrangers.

Réaliser un test avec un seul utilisateur est toujours mieux que de n'en tester aucun. Le test fonctionne toujours et même le pire test avec un mauvais utilisateur vous montre des améliorations importantes à apporter à votre projet.

Testez peu, mais testez !

Selon Jakob Nielsen, expert dans le domaine de l'ergonomie informatique et de l'usabilité, une première étude sur cinq internautes permettra de trouver 85 % des problèmes d'utilisation d'un site. En effet, il assure qu'au-delà de cinq testeurs, le ratio « temps passé/informations supplémentaires obtenues » n'est pas assez rentable.

Au démarrage d'un projet, lors d'un workshop par exemple, profitez-en pour faire un test d'utilisabilité en direct afin que les gens puissent voir qu'il est très simple à réaliser et qu'il produit toujours des indications précieuses. Demandez à un volontaire qui n'est pas directement impliqué dans le projet d'essayer de réaliser une tâche sur un site mobile ou une application. Ces tests durent moins de quinze minutes. À cette occasion, prenez des notes ou demandez au responsable du projet d'en prendre. Enregistrez éventuellement ce test pour pouvoir le montrer ultérieurement. Parfois, une simple modification du site ou de l'application peut vous faire réaliser des économies, c'est ce que l'on nomme habituellement les « quick wins ».

Testez dès le début

Il est préférable de tester avec un seul utilisateur en début de projet plutôt que de tester avec cinquante utilisateurs à la fin du projet. La plupart des gens supposent que le test est un projet complexe. Mais si vous le faites d'une manière complexe, vous n'en ferez pas assez souvent ou pas assez tôt pour tirer le meilleur parti de celui-ci. Un simple test précoce, pendant que vous avez encore le temps d'utiliser ce que vous apprenez de celui-ci, a presque toujours plus de valeur qu'un test élaboré plus tard.

La majorité des personnes se fait de fausses idées sur le développement et pense qu'il est très facile de faire des changements. La vérité est qu'il est souvent difficile d'apporter des modifications, surtout quand celles-ci sont majeures, à un site ou une application une fois leur lancement effectué. Certains utilisateurs résisteront à presque n'importe quel type de changement, mais sachez que les changements apparemment simples s'avèrent souvent avoir des effets de grande portée. Les erreurs que vous pouvez corriger tôt dans le processus vous permettront d'économiser des ennuis à long terme.

Les **tests d'utilisabilité** existent depuis longtemps et l'idée de base est assez simple : si vous voulez savoir si quelque chose est assez facile à utiliser, regardez certaines personnes pendant qu'elles essaient de s'en servir et notez où elles rencontrent des difficultés.

Au début, cependant, les tests étaient très coûteux. Il fallait disposer d'un laboratoire d'usabilité avec une salle d'observation derrière un miroir sans tain et de caméras vidéo pour enregistrer les réactions des utilisateurs et l'écran. Vous auriez dû payer un professionnel d'utilisabilité pour planifier et faciliter les tests pour vous. Par ailleurs, il aurait fallu que vous recrutiez un grand nombre de participants afin d'obtenir des résultats statistiquement significatifs. C'était de la science. Cela coûtait entre 20 000 € et 50 000 € par test et n'arrivait pas très souvent.

Puis, en 1989, Jakob Nielsen a écrit un article intitulé « *Usability Engineering at a Discount* » et a souligné qu'il ne fallait pas effectuer les tests de cette façon. Vous n'avez pas besoin d'un laboratoire d'utilisabilité et vous pouvez obtenir les mêmes résultats avec beaucoup moins de participants. Les prix chutent ainsi de 5 000 € à 10 000 € par série de tests.

L'idée des tests utilisateurs à moindre coût était un énorme pas en avant. Le seul problème est que chaque site mobile ou application doit être testé et que chaque test a un coût unitaire compris entre 5 000 € et 10 000 €. Cela représente encore un budget conséquent, de sorte que cela n'était pas pratiqué non plus régulièrement.

Mais il existe quelque chose d'encore plus simple : vous pouvez faire vos propres tests lorsque vous n'avez pas le temps et pas assez de budget. Ne vous méprenez pas cependant : si vous pouvez vous permettre d'embaucher un professionnel pour faire vos tests, faites-le. Il y a de fortes chances qu'il soit en mesure de produire un meilleur travail que vous. Mais si vous ne pouvez pas faire appel aux services d'une entreprise spécialisée, réalisez vos tests vous-même.

1. Que faut-il tester et quand le tester ?

Comme vous l'aurez compris, il est important de commencer les **tests** le plus tôt possible et de les continuer tout au long du processus de développement.

En fait, il n'est jamais trop tôt pour démarrer. Même avant de commencer la conception de votre site ou de votre application, c'est par exemple une bonne idée de faire un test des sites ou applications des concurrents. Ils peuvent représenter des concurrents réels ou être simplement des sites qui ont le même style, une organisation ou des fonctionnalités que vous prévoyez d'utiliser. Faites venir trois participants et regardez-les essayer de faire certaines tâches typiques sur un ou deux sites compétitifs. Vous en apprendrez ainsi beaucoup sur ce qui fonctionne et ce qui ne fonctionne pas sans avoir à concevoir ou à construire quelque chose.

Si vous réalisez la refonte d'un site mobile ou d'une application existante, vous aurez également besoin de les tester avant de commencer afin de distinguer ce qui ne fonctionne pas (et doit être changé) de ce qui fonctionne (que vous n'avez donc pas à modifier).

Tout au long du projet, vous continuerez ensuite à tester tout ce que l'équipe produit, à commencer par vos premiers wireframes, les prototypes, puis le projet final.

2. Recruter des utilisateurs

Il vous faudra recruter un groupe représentatif de votre cible selon des critères sociodémographiques, d'expérience, d'adéquation à votre marque, d'appétence avec le mobile. Mais selon Enzo Pietzsch, en charge des tests utilisateurs chez Jimbo, il ne faut pas y consacrer trop de temps : « *Je pense que le ciblage des testeurs est souvent considéré comme plus important qu'il ne l'est en ce qui concerne les tests utilisateurs. Les testeurs doivent correspondre aux critères fondamentaux de votre cible, sans pour autant rentrer dans les détails : les centres d'intérêts ou les revenus de vos testeurs par exemple ne sont finalement pas si importants que cela, car ce que vous testez sont des comportements universels.* ». Finalement vous pouvez très bien recruter des utilisateurs parmi votre cercle de connaissance : famille, amis, proches pourront tout aussi bien convenir pour la réalisation de ces tests.

En termes de nombre d'utilisateurs, il faut trouver un compromis entre les exigences financières, temporelles et d'interface. Plus le nombre d'utilisateurs sera élevé, plus cela demandera du temps et du budget. La majorité des tests se font sur 6 à 10 personnes. Il faut vérifier ensuite la cohérence de votre échantillonnage.

Caractéristiques	Sans ordinateur Apple : 5 personnes	Avec ordinateur Apple : 5 personnes	
		Acheté en ligne : 2 personnes	Acheté en boutique : 3 personnes
Genre	5 femmes	5 hommes	
Expertise	Bonne (au moins 2 heures d'Internet par jour, hors emails) : 10 personnes		
Age	18 - 25 ans : 2 personnes	25 - 40 ans : 5 personnes	40 - 60 ans : 3 personnes

Exemple de tableau d'échantillonnage par UX-Republic

Copyright UX-Republic 2015 - blog.ux-republic.com - Alexandra Bernards

3. Établir un guide de test

Chaque test que vous menez doit avoir **un objectif précis** : si vos testeurs se promènent sur votre site mobile ou votre application au hasard, vous perdez l'essentiel. Concentrez-vous sur les éléments les plus importants.

Il est conseillé de spécifier les tâches du plus large au plus spécifique afin d'obtenir des retours de plus en plus précis de la part des utilisateurs. Il est nécessaire de faire correspondre les tâches soumises aux utilisateurs aux différentes étapes de votre parcours utilisateur ou aux différents parcours que vous souhaitez analyser.

La rédaction des tâches doit être le plus possible neutre, objective, claire et non ambiguë. Elle nécessite une certaine expertise pour éviter tout biais d'interprétation des utilisateurs à la lecture de la consigne. La réalisation de tests pilotes permet de vérifier la bonne rédaction des tâches et de s'assurer de leur bon niveau de compréhension sur un échantillon restreint.

En plus des scénarios à tester, vous pouvez aussi poser des questions d'ordre général, par exemple : « Que pensez-vous de cette application ? », « À votre avis, pouvez-vous acheter un produit sur cette application ? ». Vous pouvez aussi préparer des questions subjectives telles que : « À votre avis, si vous appuyez sur le bouton "ajouter", que va-t-il se passer ? » ou « Comment avez-vous trouvé ce parcours d'achat ? » pour valider la compréhension d'un concept. Pour identifier le ressenti et évaluer l'appréciation globale selon l'échelle de Likert, vous pouvez également demander : « Si vous deviez noter cette application sur une échelle de 1 à 6, quelle note donneriez-vous ? ».

Cet ensemble vous permettra de rédiger le guide. Il vous faudra écrire un scénario comme une conversation en situation avec le participant et prévoir ses réactions au scénario en lui demandant de le replacer dans une situation réelle sans lui fournir d'indices.

À la fin de la rédaction du guide de test, pensez à toujours tester ces scenarios sur une personne inconnue du projet afin de vérifier la cohérence et le bon enchaînement des questions.

4. Conduire les tests

Pour **conduire les tests utilisateurs**, il vous faut une salle de réunion, un smartphone (privilégiez le modèle possédé par votre utilisateur afin de ne pas fausser les résultats en raison d'un changement de mobile), les maquettes, prototypes ou applications et sites mobiles à tester et un outil pour enregistrer le parcours mobile et les réactions de l'utilisateur. Si par le passé, il fallait se doter de plusieurs caméras – une pour filmer le mobile et une pour filmer l'utilisateur –, il existe désormais des solutions très simples qui, en même temps, enregistrent l'écran mobile et filment l'utilisateur.

Voici quelques solutions :

Lookback

http://www.lookback.io

Lookback enregistre la voix et les gestes des utilisateurs. Il enregistre l'écran et rassemble également les expériences. L'essence de Lookback est de capturer les expériences pures des utilisateurs pendant qu'ils utilisent l'application. Enregistrée via un appareil photo, la vidéo de l'utilisateur correspond avec un enregistrement d'écran. Vous pouvez ainsi voir les réactions sur leurs visages.

Userlytics

http://www.userlytics.com/

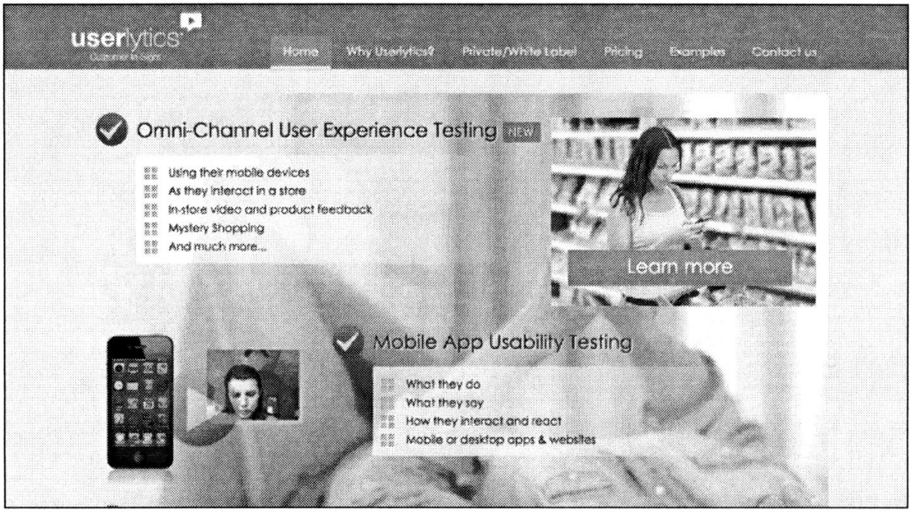

L'outil fournit uniquement un fichier vidéo brut de la session. Il n'y a aucune donnée sur les liens cliqués ni sur les mouvements ou les gestes.

UX Recorder

http://www.uxrecorder.com

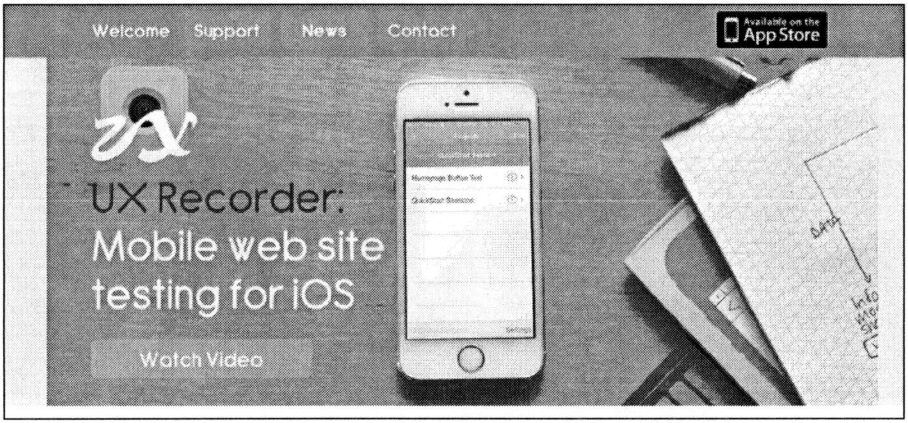

UX Recorder est un outil élaboré uniquement pour réaliser des tests sur vos sites mobiles avec un iPhone ou un iPad. L'application inclut une interface conçue pour inciter vos utilisateurs à être à l'aise.

<u>TestFairy</u>

http://www.testfairy.com

TestFairy est une solution pour tester vos applications iOS et Android. Cette solution vous permet d'avoir accès à un ensemble d'informations telles que des données de votre application, les détails du matériel, les performances de la batterie et du réseau. Vous pouvez bien sûr observer des vidéos de ce que font vos utilisateurs dans votre application. Celles-ci sont complètes avec les « taps » affichés à l'écran.

Les séances de test utilisateur sont individuelles afin de simuler au plus proche la réalité de l'utilisation (sur une durée maximum d'1h30 afin de limiter la lassitude du participant). L'animateur du test joue alors un rôle essentiel pour indiquer les tâches à réaliser aux participants, leur poser les questions, leur faire verbaliser leur expérience tout au long de la session. Une deuxième personne est recommandée afin d'observer minutieusement et prendre des notes.

Il faut rappeler le but du test à l'utilisateur, insister sur le fait que c'est le site mobile ou l'application qui est testé et pas lui et l'encourager à s'exprimer à voix haute afin de bien comprendre son raisonnement et ses incompréhensions.

5. Analyser les résultats

Une fois les tests finalisés, vient l'étape la plus difficile mais aussi la plus intéressante : celle de l'**analyse des tests** qui commence par le visionnage des vidéos des utilisateurs en train de tester votre application ou site mobile. Soyez attentif du début à la fin de chaque session enregistrée afin de tirer le meilleur profit des retours des utilisateurs. Listez tous les problèmes rencontrés, les statistiques d'échec d'une tâche pourront être représentées graphiquement pour une meilleure compréhension.

Cette analyse permet de **dégager des tendances**, des profils. Il faut chercher des indices pour comprendre la réussite/l'échec d'une tâche. Les meilleurs indices sont dans les patterns de comportements, dans les répétitions de remarques, de difficultés, d'observations...

Une fois les tendances dégagées, proposez des recommandations adaptées. Elles devront être hiérarchisées selon leur importance et être accompagnées de solutions visuelles (nouveaux wireframes ou benchmarking).

L'ensemble de l'analyse doit faire l'objet d'un **rapport de test** comprenant :

- Les constats avec données chiffrées,
- Les verbatim des utilisateurs,
- Les recommandations priorisées,
- Les propositions visuelles,
- Les extraits sélectionnés,
- Les vidéos intégrales des sessions,
- La liste des recommandations,
- La restitution écrite.

Le site **CXpartners** propose un template de restitution de test que vous pourrez utiliser pour créer votre rapport de test.

Une autre solution consiste à faire appel à des sociétés spécialisées dans le test utilisateur.

<u>Testapic</u>

http://www.testapic.com

Testapic propose des solutions innovantes pour vous faciliter les tests utilisateurs.

Testapic propose des tests abordables pour tous les éditeurs web, grâce à des outils de testing performants et un panel d'utilisateurs qualifiés correspondant au public cible des éditeurs. La complémentarité idéale pour optimiser la performance des sites et des différents supports : mobiles, tablettes... Les testeurs se rendent sur les sites web à tester, réalisent un scénario de tests avec des tâches précises. Ils commentent leur navigation pour mettre en avant les points forts et surtout les points faibles, les incompréhensions et tout ce qui peut perturber leur parcours dans le tunnel de conversion.

Grâce à un accompagnement sur la définition des objectifs, sur le protocole qui formalise la démarche, sur le cadrage du périmètre du test utilisateur distant, sur la segmentation du panel et enfin sur la construction des scénarios de test, Testapic propose une véritable solution clés en main.

Les données brutes collectées sont d'ordre qualitative et quantitative avec notamment :

- les critères d'un audit ergonomique mené au préalable du test (option),
- les vidéos commentées de la navigation utilisateur (vidéo + audio),
- les verbatim écrites des utilisateurs,
- les graphiques liés aux questions fermées.

La synthèse des recommandations est disponible sur leur site à travers un espace client dédié vous permettant de visualiser le rappel du contexte et du protocole, le résumé de la synthèse les préconisations et l'ensemble des données brutes.

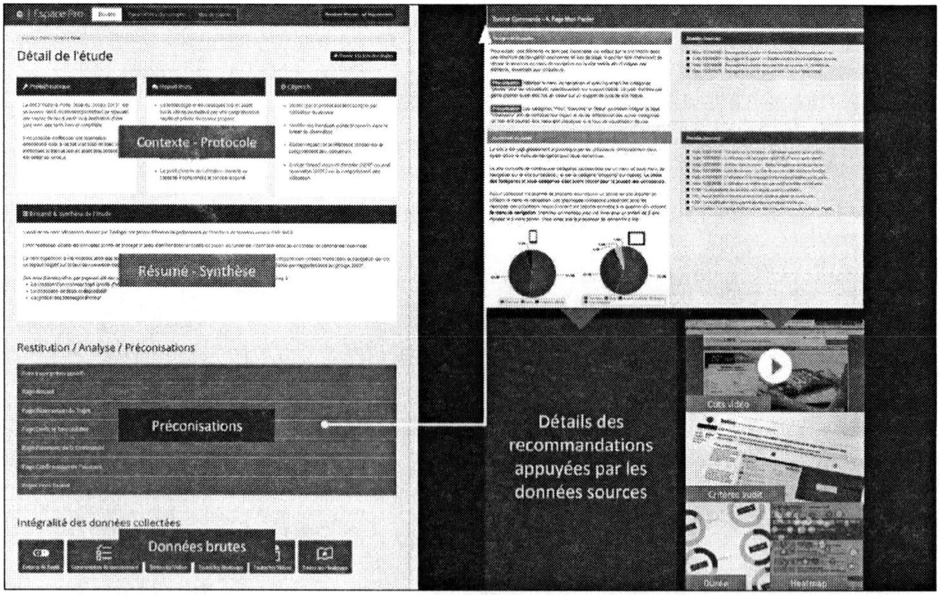

Une des questions récurrentes concerne le retour sur investissement des tests utilisateurs. Selon Testapic, leurs clients ont constaté en moyenne une amélioration de l'ordre de 30-40 % des taux de transformation. Frédéric Aubert – Responsable Marketing du site Muzéo – en témoigne : « La mise en place des optimisations et des recommandations a déjà porté ses fruits. Nous enregistrons d'ores et déjà une progression du taux de conversion de 15 %. ».

Outre les tests utilisateurs visant à améliorer le fonctionnement et l'ergonomie de l'application, il reste néanmoins un élément incontournable, celui de la phase de recette, c'est-à-dire le test visant à rechercher l'ensemble des bugs. Dans un univers mobile très fragmenté, la logique de tester en interne sur quelques mobiles ne peut plus fonctionner, il faut se doter d'un parc mobile conséquent et d'une équipe dédiée.

Miratech

http://www.miratech.fr

Miratech est une entreprise de conseil en expérience utilisateur et tests utilisateurs, créée en 2005 elle a été l'une des premières agences à intégrer l'eye tracking en France. Elle s'est depuis diversifiée et a su prendre le virage du mobile.

Leurs mesures du comportement et l'opinion des utilisateurs d'une interface digitale : site web, appli ou site mobile, intranet, logiciel... Grâce à un panel de méthodes comme l'eye tracking pour mesurer le regard que les utilisateurs portent réellement sur vos interfaces, l'analyse de navigation grâce à l'enregistrement des mouvements que l'utilisateur effectue sur son mobile et d'autres méthodes plus classique comme le tri de cartes ou les entretiens individuels.

Outre les tests utilisateurs visant à améliorer le fonctionnement et l'ergonomie de l'application, il reste néanmoins un élément incontournable celui de la phase de recette, c'est-à-dire le test visant à rechercher l'ensemble des bugs. Dans un univers mobile très fragmenté, la logique de tester en interne sur quelques mobiles ne peut plus fonctionner, il faut se doter d'un parc mobile conséquent et d'une équipe dédié.

StarDust

http://www.stardust-testing.com

Créée en 2011 à Marseille, la société **StarDust** est leader dans le test et la validation de solutions digitales (applications mobiles, sites web, e-mailing, objets connectés). Elle offre à ses clients une externalisation des services de tests. En tant que leader de l'**Assurance Qualité** (QA) et tiers de confiance, StarDust déniche les bugs des produits de ses clients dans le but de réduire les risques de dysfonctionnement de leurs produits digitaux et ainsi maximiser leur monétisation tout en renforçant l'image de marque.

Avec un parc de terminaux constamment renouvelé, avec plus de 2000 écrans, il couvre plus de 150 versions d'OS et 90 résolutions différentes.

C'est un enjeu crucial, une récente étude de leur part a démontré que 70 % des utilisateurs vont supprimer une application à la première utilisation si techniquement elle leur paraît instable.

StarDust propose plusieurs approches, vous pouvez leur déléguer l'ensemble des tests de votre projet. Ils définiront, sur la base de vos enjeux, de vos objectifs et de vos spécifications, la stratégie de test et les ressources à mobiliser pour la réalisation de vos tests. Si vous avez néanmoins des ressources en interne mais que vous souhaitez compléter vos tests, vous pouvez piloter les ressources de test StarDust en sollicitant leurs services à la demande.

Chapitre 6
Le développement mobile

A. Le web mobile et les applications

Applications et sites web mobiles partagent le même écran, mais les points communs s'arrêtent à ce niveau. Alors que les applications doivent être téléchargées et installées avant utilisation, un site web peut être consulté par le biais d'un navigateur Internet.

1. Le site mobile

Un site mobile est techniquement conçu comme un site web, il utilise le même langage (HTML et CSS) mais il est optimisé pour les appareils mobiles.

Par le passé, les entreprises ont souvent développé des sites mobiles dédiés en parallèle de leur site web classique. C'est notamment le cas de Voyages Sncf à travers l'URL dédiée voyages.sncf.mobi.

Version mobile du site Voyages Sncf

Développer un site mobile dédié vous permet de personnaliser le site pour les mobinautes et donne donc plus de liberté dans la conception ; c'est une démarche à moindre coût, à court terme, car cela vous permet d'offrir une expérience mobile rapidement. Cependant, la cohérence avec votre site Internet classique peut être complexe à gérer car vous devez maintenir deux environnements distincts et gérer avec soin vos redirections entre votre site desktop et votre site mobile au risque de ne pas être correctement interprété par les moteurs de recherche.

2. Le site responsive

Aujourd'hui, la fragmentation mobile et tablette est d'une telle complexité que le responsive design est une solution incontournable pour conserver sa présence sur Internet, et ce, quel que soit le support de navigation emprunté.

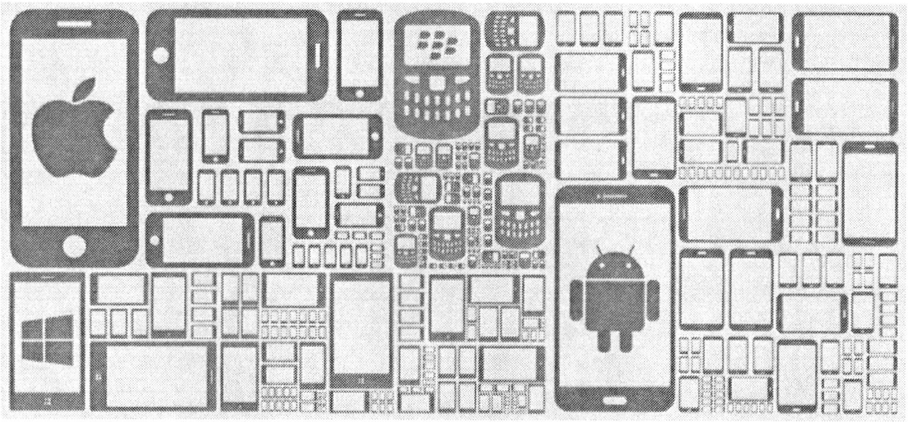

Fragmentation mobile - FluidUI

Les avantages du **responsive design** sont nombreux. Cette technique permet d'offrir plus de réactivité au site web qui s'adapte alors aux différentes résolutions d'écrans disponibles. Cette technique permet d'universaliser l'affichage d'un site web en utilisant les nouvelles règles et propriétés CSS 3 (media queries, microformats...), acceptées par la grande majorité des navigateurs. Les colonnes et les images s'ajustent, se redimensionnent et se déplacent automatiquement en fonction de ce que la résolution d'écran exige. Cette technique permet une ergonomie optimale en laissant intacte la qualité de l'information du site web. Le responsive design est une solution stratégique à long terme, car elle permet de répondre à une recherche de manière plus rapide en n'affichant que les éléments les plus pertinents aux mobinautes. Avec le responsive web design, il n'existe plus de souci de redirection de lien. Une fois mis en place, il y a très peu de maintenance à réaliser et le coût de développement est plus intéressant que pour un site mobile spécialisé. Avec le responsive design, c'est l'assurance d'une URL unique : il est parfait pour les campagnes de promotion. Le lien unique avec le site original permet au support mobile de respecter la même structure d'information que le site complet réduisant par là-même le temps nécessaire d'adaptation au nouveau format. Le site s'affiche automatiquement en fonction de l'écran sans demander de quelle manière l'utilisateur souhaite naviguer.

En 2014, selon the Search Agency, seulement 9 % du top 100 des sites de détaillants étaient en responsive design, alors que les premiers chiffres sont très prometteurs. Suite au passage en responsive design, le magasin O'Neill Clothing a vu une augmentation de près de 600 % de son chiffre d'affaires, Skinny Ties a connu une hausse de 377,6 % des ventes via les iPhones et ThinkTank Photo a augmenté de plus de 96 % ses transactions sur smartphones et tablettes. Quant à lui, le site e-commerce de lentilles AC Lens a constaté une élévation de 150 % du temps de visite sur le site, un bond de 78 % par rapport au nombre de pages vues et une augmentation de 25 % des conversions.

Si les avantages sont nombreux, il existe tout de même certains inconvénients au responsive design. Il s'agit notamment du temps de téléchargement. La plupart du temps, les utilisateurs se trouvent dans l'obligation de télécharger de manière inutile un code HTML/CSS. De même, les images sont souvent simplement allongées et non redimensionnées entraînant un impact négatif sur le temps de chargement. Par ailleurs, le responsive design ne permet pas d'ajuster facilement les titres, descriptions et autres contenus sur les téléphones mobiles. De plus, le développement du responsive design demande plus de temps. Il oblige à un chargement de tous les éléments constituant la page ce qui peut trahir une performance moindre. Il y a définitivement plus de difficultés à télécharger le contenu d'un site « responsive » que le contenu d'un site mobile spécialisé.

Le responsive design est définitivement une solution efficace afin d'offrir une expérience utilisateur en adéquation avec l'usage souhaité. C'est une évolution majeure du Web design invitant les concepteurs à un nouveau défi ergonomique et assurant aux utilisateurs une expérience enrichie. Pour ce qui est des inconvénients dégagés par cette technique, cela implique plus d'investissement au niveau de la conception et du développement du site.

3. Le site adaptive

Une tendance émergeante dans la construction des sites est également l'**adaptive design** qui est parfois confondue avec le responsive design. En fait, le responsive design est un des éléments de l'adaptive design. Le responsive design fait uniquement référence à la mise en page au travers de grilles fluides, d'images flexibles et des media queries. Comme évoqué en amont, le site va se redimensionner en fonction de la taille de l'écran et charger l'ensemble de la page. L'adaptive design va plus loin, le but étant d'adapter la version mobile pour offrir la meilleure expérience utilisateur en fonction du terminal. Une page adaptive tient compte des ressources techniques, du terminal, du navigateur, avec ou sans JavaScript, etc. pour proposer un contenu adapté, afin d'offrir la meilleure expérience possible à l'auditoire le plus large possible.

C'est uniquement le layout qui correspond à l'environnement de l'utilisateur qui est chargé. Si vous vous rendez sur le site http://www.theguardian.com sur votre ordinateur de bureau ou sur votre smartphone, la différence est presque imperceptible et laisse à penser que le site est responsive. Néanmoins en analysant le temps de chargement des pages nous constatons que la vitesse de chargement mobile est réduite d'un tiers. Le contenu n'est donc pas simplement masqué, il n'est tout simplement pas chargé ce qui optimise ainsi l'expérience utilisateur.

Bien sûr développer votre site en adaptive design aura un coût plus conséquent ; tout dépend donc de la stratégie liée à votre site. Mais s'il est le point central de votre business, il vous fera gagner des points de conversion.

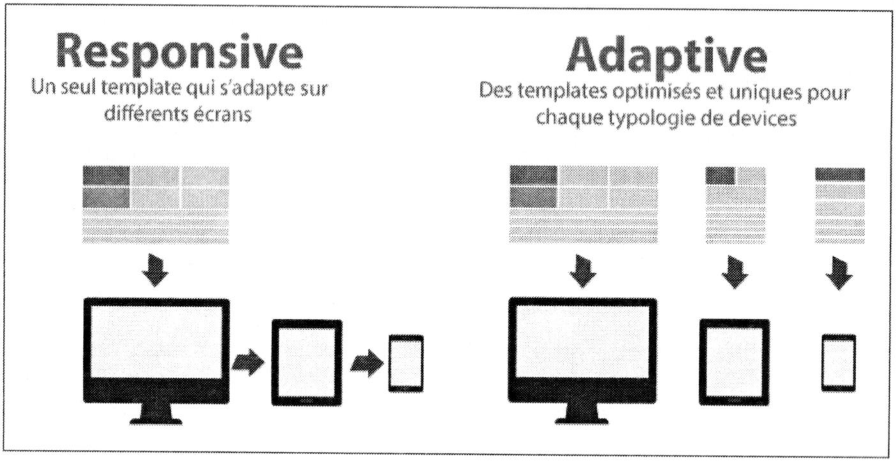

4. Les applications

a. Les applications natives

Les **applications natives** sont des applications qui ont été développées avec le logiciel d'exploitation que chaque système opérationnel propose. Ceux-ci sont généralement nommés SDK (*Software Development Kits*). Également appelés OS (*Operating system*), les systèmes opérationnels Android, iOS et Windows ont des kits de développement logiciel et des applications natives conçus et programmés spécifiquement pour chaque plateforme dans leur propre langage SDK. Ces types d'applications sont téléchargés et installés dans les stores d'applications : App-Store pour iOS, Google Play pour Android et Windows Phone Store pour Windows.

Les applications natives doivent être fréquemment mises à jour, ce qui signifie que l'utilisateur doit les télécharger encore et encore afin de recevoir les corrections de bugs ou l'ajout de nouvelles fonctionnalités. L'un des avantages de ces applications, c'est le fait qu'elles soient codées en utilisant le code natif de l'OS. Pour iOS, il s'agit de l'objectif C, pour Android, il s'agit de Java.

La puissance du smartphone

Grâce à cela, vous pouvez avoir accès à l'utilisation du processeur et à l'allocation de la mémoire. Qu'est-ce que cela signifie concrètement ? Cela veut dire que vous pouvez utiliser la puissance et la mémoire du smartphone pour lancer des applications avec de forts besoins en capacité de calcul ou en fonctionnalités. C'est le cas des applications de jeux en trois dimensions qui requièrent de fortes capacités. Étant donné que les applications sont installées sur le smartphone, elles ne nécessitent pas nécessairement l'accès à une connexion Internet.

Vous pouvez lire du contenu, jouer à un jeu et interagir avec l'application sans connexion ; c'est un plus lorsque l'utilisateur est en mobilité et qu'il n'a pas ou plus de signal.

L'accès aux fonctionnalités

En plus d'avoir accès au processeur et à la mémoire, vous pouvez aussi bénéficier facilement de certaines fonctionnalités spécifiques du smartphone. L'application vous permettra de profiter de l'appareil photo, de l'accéléromètre, du baromètre, du gyroscope, de la localisation GPS, des contacts, du capteur Touch ID..., tout ce dont vous pourriez avoir besoin pour construire votre expérience utilisateur mobile. L'un des éléments importants à prendre en compte lorsque vous créez une application native est que vous pouvez utiliser le potentiel des push notifications. Il vous est possible d'utiliser ces notifications pour annoncer des nouveautés, des promotions, des mises à jour ; elles constituent une fonctionnalité idéale si vous souhaitez engager votre utilisateur ou créer plus d'interaction avec votre application.

Le design des applications

Un des éléments importants lors de l'utilisation du SDK est la capacité de construire une application qui s'intègre parfaitement avec le design du système opérationnel. L'utilisateur est familier de l'interface de son smartphone, il a ses habitudes, des gestes prédéfinis.

Application web

Les applications web sont basées sur le HTML JavaScript et le CSS, les outils de développement sont totalement familiers.

Dans certains cas, le SDK n'est pas utilisé ce qui rend possible de programmer indépendamment du système opérationnel. C'est pour cela que ces applications peuvent être utilisées sur différentes plateformes, sans inconvénient majeur et sans nécessité de développer un code différent pour chaque cas particulier.

Il n'est pas forcément nécessaire d'installer des applications web, puisqu'elles sont visualisées comme un site Internet classique depuis le navigateur du smartphone. Elles ne sont pas distribuées via des App store, ce qui veut dire qu'elles doivent être marquetées et promues indépendamment. Puisque ces applications fonctionnent sur le Web, les utilisateurs possèdent toujours la dernière version, cela ne nécessite pas de mise à jour sur les stores. Mais, contrairement aux applications natives, les applications web nécessitent une connexion à Internet pour fonctionner correctement.

Bien sûr, les applications web présentent des restrictions et inconvénients dans certaines conditions, comme cela est le cas pour la gestion de la mémoire. De plus, il est impossible de maximiser la puissance des différentes composantes du téléphone.

Généralement, les applications web ont des versions génériques indépendantes de l'apparence des systèmes opérationnels. L'expérience utilisateur comme la navigation ou les interactions est beaucoup moins significative que pour les applications natives.

b. Application hybride

Ces applications sont une sorte de combinaison des éléments mentionnés précédemment. Les développements sont similaires à ceux d'une application web (HTML, CSS et JavaScript). Une fois qu'une application est terminée, elle est compilée et packagée de telle manière qu'elle ressemblera à une application native. Ceci permet aux développeurs d'utiliser une grande partie du code pour obtenir différentes applications, par exemple une pour Android et une autre pour iOS, et les distribuer sur les deux stores. Contrairement aux applications web, l'application hybride est capable, à travers les librairies, d'utiliser les capacités du smartphone presque autant que les applications natives. L'application hybride ne dispose pas de design spécifique au système opérationnel. Néanmoins, il y a différentes manières d'utiliser les contrôles natifs et les boutons de chaque plateforme afin d'être plus proche de leur environnement natif.

Netflix possède une application hybride qui ressemble pratiquement à la version iOS et Android

c. Les plateformes de développement multi-OS

Au cours de l'année 2014, le marché des plateformes de développement multi-OS a commencé à décoller. Celui-ci a émergé car les grandes et moyennes entreprises étaient de plus en plus enclin à développer des applications mobiles. Elles ont exprimé des besoins en développement et en déploiement rapide d'applications tout en veillant à la maîtrise de leurs coûts. Ces plateformes deviendront de plus en plus importantes au cours des années à venir.

IDC prévoit sur ce marché un taux de croissance annuel de plus de 38 % atteignant 4,8 milliards de dollars en 2017 et Gartner estime que le développement d'applications montera à 20 millions d'ici 2018. Ces chiffres permettent de mieux comprendre le nombre croissant d'investissements et d'acquisitions dans le développement mobile de l'entreprise. En seulement quelques semaines, Xamarin a enregistré des records en termes d'investissements et il ne se passe pas une semaine sans qu'il y ait de nouvelles annonces dans ce domaine. Dans cet univers complexe, voici la liste des plateformes incontournables du moment :

<u>Xamarin</u>

http://xamarin.com/

Prix : $ 25 - $ 158 mensuel par développeur et par plateforme

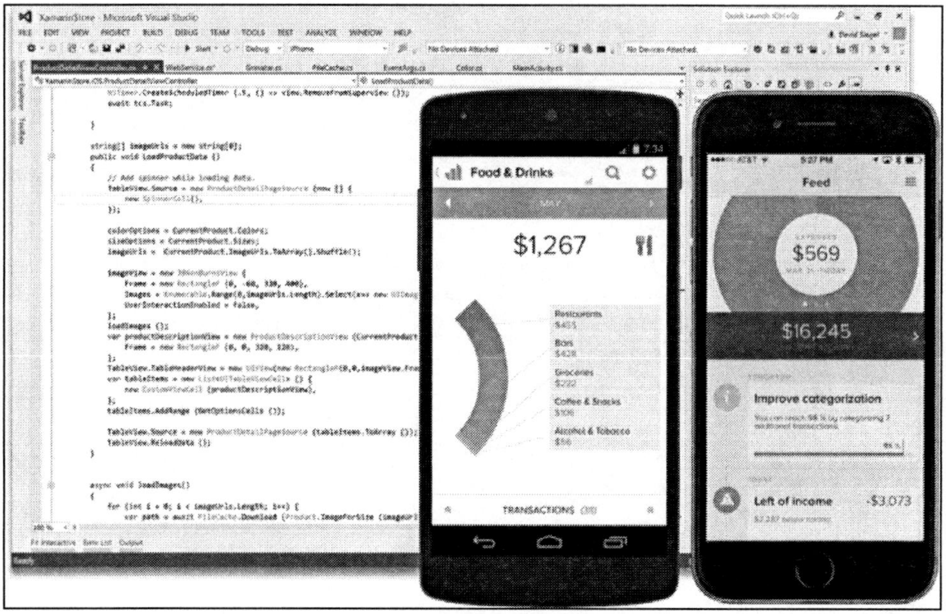

Au cours des douze derniers mois, la communauté des développeurs de Xamarin a augmenté de 98 % et les ventes ont plus que doublé. La différenciation de Xamarin provient de sa capacité à construire des applications natives et hybrides pour iOS, Android, Mac et Windows en utilisant une seule base de code C #. Un partenariat fort existe entre Xamarin et Microsoft et a pour but de faciliter le développement d'applications pour iOS et Android dans Visual Studio.

PhoneGap

http://phonegap.com/

Prix : gratuit

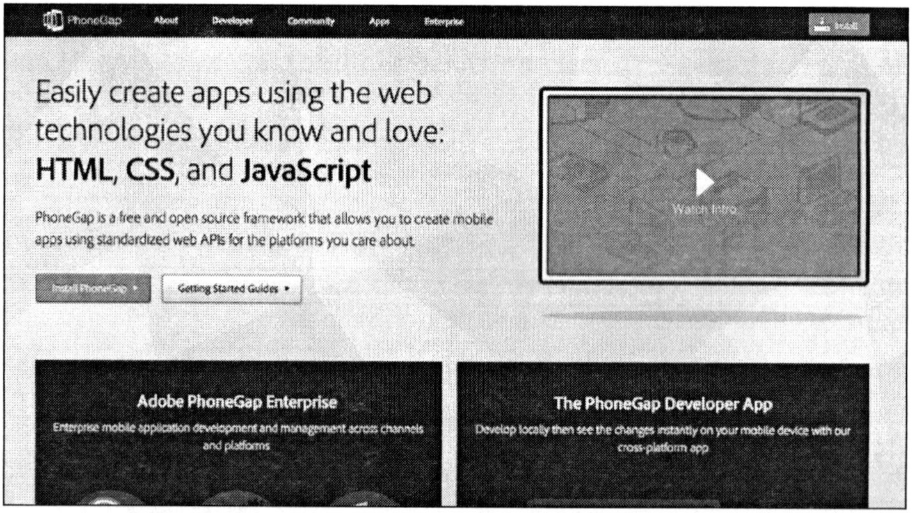

PhoneGap est probablement la marque de développement multi-OS la plus connue au sein de la communauté de développement. L'outil, désormais propriété d'Adobe, est basé sur le projet open source Apache Cordova. Il est complètement libre d'utilisation, ce qui explique sa popularité. Adobe travaille également sur une version d'entreprise de PhoneGap qui fait actuellement l'objet d'une version bêta.

Appcelerator

http://www.appcelerator.com

Prix : $ 39- $ 259 par mois et par utilisateur

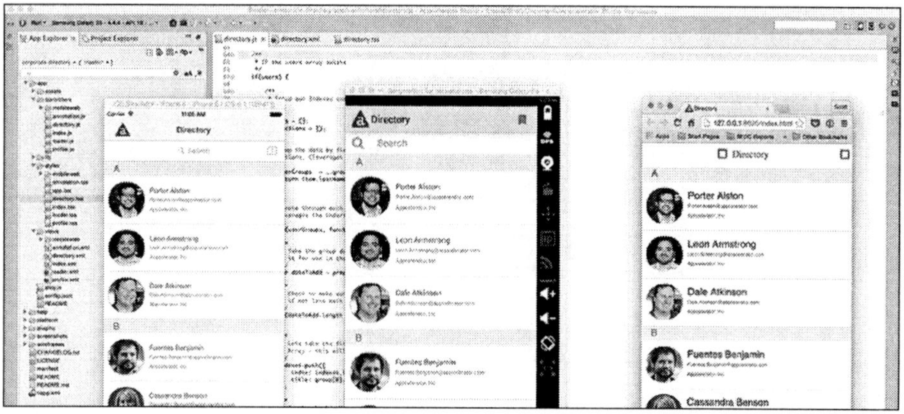

Appcelerator Titanium est un des nombreux framework pour applications mobiles basé sur des technologies web autorisant des développeurs web à utiliser leurs compétences pour créer des applications natives pour iPhone et Android. Appcelerator Titanium est souvent comparé à Adobe Air pour le développement d'applications de bureau pour Windows, Mac et Linux. Normalement, des outils propriétaires et des compétences spécialisées sont requis pour développer des applications natives pour chaque plateforme.

Apache Cordova

http://cordova.apache.org/

Prix : gratuit

Apache Cordova, ou plus anciennement Apache Callback ou PhoneGap1, est un framework open source développé par la Fondation Apache. Il permet de créer des applications pour différentes plateformes (Android, Firefox OS, iOS, Ubuntu, Windows 8...) en HTML, CSS et JavaScript.

Kony

http://www.kony.com

Prix : $ 15- $ 29 par mois et par utilisateur

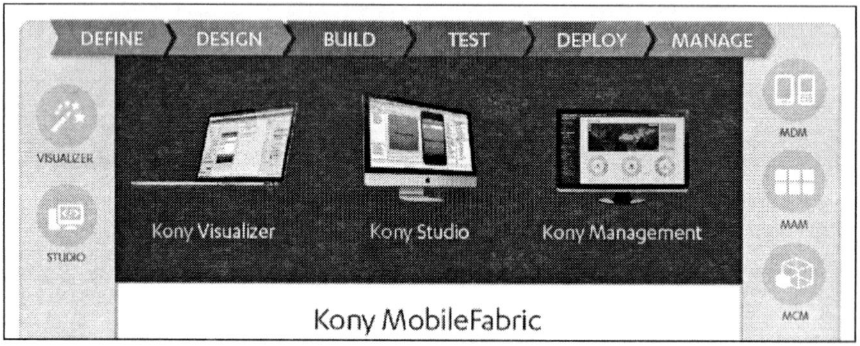

La plateforme utilise JavaScript. Elle dispose de fonctionnalités avec de simples widgets fonctionnant en glisser-déposer et offre la possibilité d'importer des bibliothèques existantes ou tierces. En outre, Kony a récemment lancé sa fabrique mobile qui, selon elle, est la première solution de développement d'applications d'entreprise réunissant de multiples outils de services de cloud computing et middleware.

FeedHenry

http://www.feedhenry.com

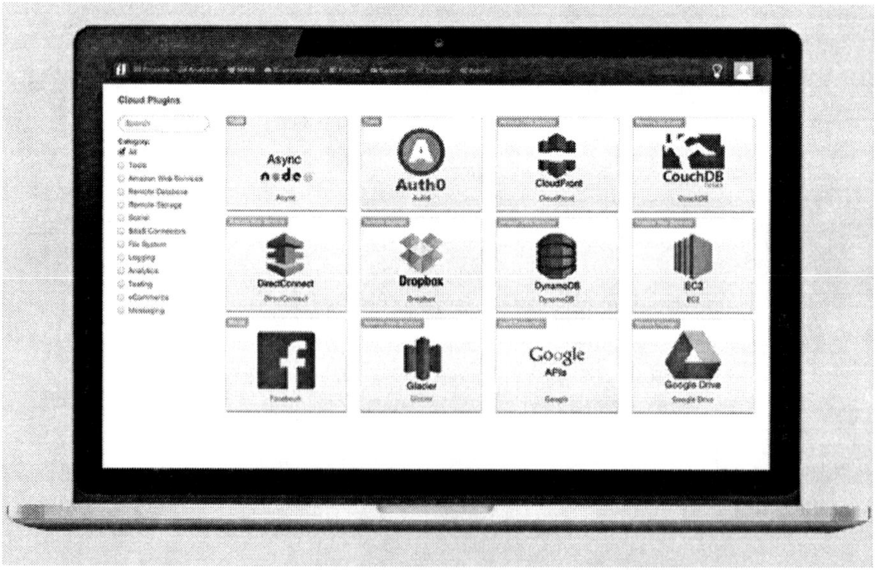

FeedHenry a fait les gros titres en septembre 2014 après avoir été acquis par la société RedHat pour 63,5 millions d'euros. La société offre une plateforme mobile backend-as-a-service et une cross plateforme de développement d'applications. Celle-ci permet aux développeurs de construire et de déployer des applications iOS, Android et Windows Phone via des clouds publics. La société travaille également avec certains grands comptes, tels que la compagnie aérienne Aer Lingus et des partenaires technologiques innovants tels que AWS et Rackspace.

Sencha

http://www.sencha.com/

Prix : $ 3225 par an jusqu'à 5 développeurs à $ 12495 par an jusqu'à 20 développeurs

Sencha offre une variété d'outils pour le développement multiplateformes tels que Sencha Architecte, Sencha Animator et plus encore. Le produit principal pour les développeurs est Ext JS 5 : il leur permet de créer des applications HTML5 qui peuvent ensuite être converties en applications natives. L'approche axée HTML5 de Sencha permet à ces applications d'être accessibles à travers les navigateurs ainsi que les derniers appareils tactiles et a attiré des clients tels que Google, CNN et Samsung.

Telerik

http://www.telerik.com/

Prix : $ 39 - $ 149 par mois et par utilisateur

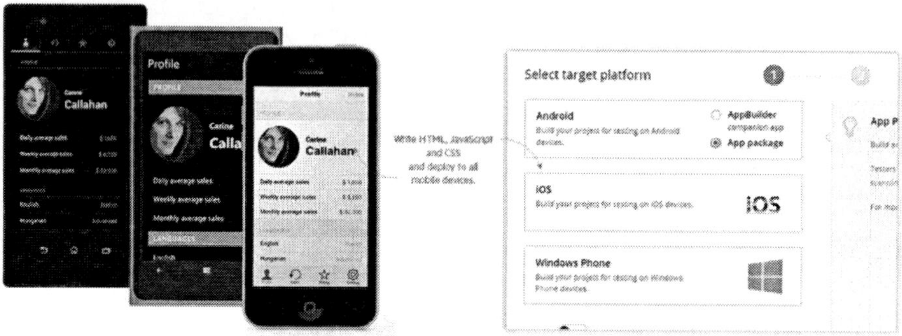

Telerik est une société bulgare. Elle a récemment annoncé l'ajout à son projet open source de NativeScript qui aide à créer des applications multiplateformes natives en utilisant JavaScript. Les applications qui en résultent sont à exécuter sur iOS, Windows et Android.

La plupart des plateformes de développement multi-OS ont comme promesse « one size fit alls ». Bien sûr, malgré leur popularité et leurs performances, ces plateformes ne peuvent résoudre toutes les problématiques de fragmentation mobile. Dans un rapport de Vison Mobile, il apparaît que les développeurs utilisent le plus souvent plusieurs outils multiplateformes : en moyenne, un développeur utilise 1,91 plateforme confirmant ainsi le manque de maturité et la nature de niche de ces outils.

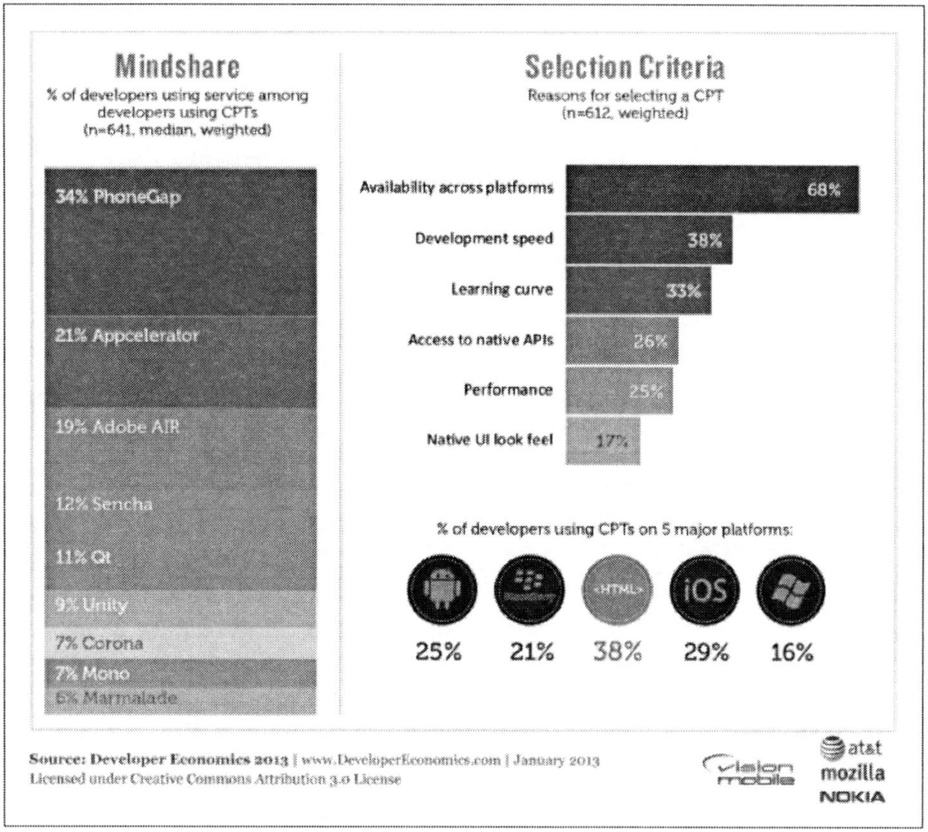

d. L'éternel débat : application native ou application hybride ?

Dans cet environnement complexe de développement, il est parfois difficile de faire un choix sur les dépenses à privilégier. La décision se prendra grâce à la détermination de quelques facteurs fondamentaux et en fonction de la façon dont l'expérience utilisateur sera affectée. Si les facteurs tels que la disponibilité de l'application sans connexion Internet ou les notifications et les ressources du terminal sont importants, ils vous permettront de privilégier les applications natives.

Si aucun de ces éléments n'est réellement important pour l'application, il sera plus facile de construire une application web en capitalisant sur les connaissances en développement web. Cela implique des coûts de développement moindres et plus d'agilité dans la façon de travailler. Les applications natives offrent une expérience utilisateur bien meilleure et plus performante. C'est pour cela que des applications telles que Facebook et LinkedIn, qui étaient des applications hybrides à la base, sont devenues natives.

En choisissant un développement natif, il n'y a pas de dépendance à travers un framework mobile : cette option permet de s'assurer de capitaliser sur les développements.

B. Le développement en méthode agile

1. Principe de l'approche agile

Avec le terme **agile**, nous sommes face à une nouvelle approche de la gestion de projet qui se différencie des approches traditionnelles linéaires. La notion même de « gestion de projet » est remise en question au profit de la « gestion de produit » de façon à raisonner davantage en termes de « produit » qu'en termes de « projet ».

Une approche dite « traditionnelle » nécessite généralement une expression de besoins détaillée et validée avant le début de la réalisation, laissant peu de place au changement. Suite au développement suit généralement une phase de recette, c'est-à-dire le test du développement. Cet effet tunnel peut être très néfaste et conflictuel : il existe souvent un manque de cohésion entre le besoin initial et l'application réalisée. On se rapporte alors aux spécifications validées et certains projets se terminent dans la douleur. De plus, il n'est pas rare que certaines fonctionnalités demandées se révèlent finalement inutiles à l'usage alors que d'autres, découvertes en cours de route, auraient pu donner plus de valeur au produit.

Une enquête de 2014 du Groupe Standish fait le constat suivant : *« 41 % des projets informatiques sont arrêtés en cours de route, 55 % sont fortement challengés ; seuls 4 % des projets peuvent être considérés comme des succès. »*. Les principaux facteurs de succès sont :

- un sponsor exécutif fortement qualifié,
- une équipe fortement compétente,
- un bon chef de projet,
- la réalisation de tests utilisateurs à travers des prototypes,
- un suivi transparent du projet.

Finalement, les facteurs les plus communs dans l'échec des projets sont justement l'exact contraire des facteurs clés de succès. En général, les projets sont retardés en raison d'une prise de décision lente de l'équipe projet du fait d'un sponsor qui ne lui laisse pas de pouvoir de décision. Cette situation est fatale au timing et donc au coût du projet. Elle peut mener à l'échec du projet. Par ailleurs, le manque de clarté de la part des équipes projet peut conduire à ne pas optimiser le but visé. Le manque de flexibilité du projet, l'ajout de fonctionnalités et le manque de compréhension de ces impacts lors de changements majeurs de conception peuvent conduire à la non réussite du projet.

Encore aujourd'hui certaines entreprises cherchent à transformer les chefs de projet technique en Scrum Masters, les assistants à maîtrise d'ouvrage (AMOA) en **Product Owner**. Mais ce sont de nouveaux métiers, bien différents d'une équipe organisée en cycle en V. Ces modèles sont dépassés et le Product Owner y joue un rôle essentiel. Il ne gère pas un projet, il développe un produit.

C'est un profil atypique aux multiples facettes ; sans être issu d'une formation technique, il comprend les développeurs, il possède également une forte sensibilité UX et porte la voix des utilisateurs en développant la vision produit.

Il peut donc interagir, comprendre chacune des personnes de l'équipe et lui insuffler la vision produit. Il possède aussi la légitimité de la direction, c'est un bon communicant qui pourra transmettre l'avancement du produit et défendre le travail de l'équipe. Il connaît la valeur de chacune des fonctionnalités et peut faire des choix de priorisation sur ce qui apporte de la valeur à l'utilisateur.

L'approche Agile propose donc de réduire considérablement, voire complètement, l'effet tunnel en donnant davantage de visibilité, en adoptant un processus de développement itératif et incrémental. Elle considère que le besoin ne peut pas être gravé dans le marbre et que spécifier et planifier dans les détails l'intégralité d'un produit avant de le développer est contre-productif.

Dans le cadre d'un projet d'application mobile, le Product Owner, en se basant sur les parcours clients réalisés, va élaborer une liste de fonctionnalités à développer. La première étape consiste à réaliser un story mapping avec tous les membres de l'équipe : UX designer, UI designer, développeurs... L'enjeu consiste à dégager les étapes clés des parcours utilisateurs et toutes les fonctionnalités à mettre en place sans restriction.

Puis dans un second temps il devra définir une priorisation sur les fonctionnalités qui apportent réellement de la valeur afin de créer une roadmap produit. C'est cette story map qui sera chiffrée. Les développeurs vont estimer le coût de chaque élément de la liste. On peut ainsi se faire une idée approximative du budget global.

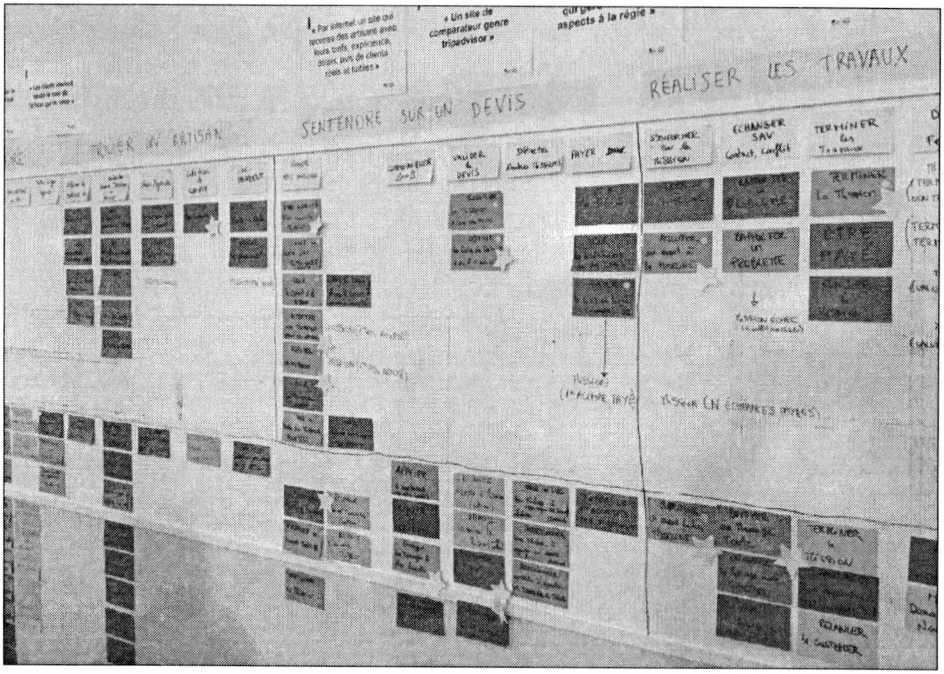

Exemple de story map

L'équipe sélectionne ensuite une partie de la story map à réaliser sur un laps de temps court appelée **itération**. Chaque itération inclut des travaux de conception, de spécifications fonctionnelles sous la forme de user stories, de développement et de test. À la fin de chacune de ces itérations, le produit partiel mais utilisable est montré au Product Owner. Ce dernier peut alors se rendre compte par lui-même et très tôt du travail réalisé, de l'alignement sur le besoin. L'utilisateur final peut, quant à lui, se projeter dans l'usage du produit et émettre des feedbacks précieux pour les futures itérations. La visibilité ainsi offerte est la clé. Cette transparence peut également apporter davantage de confiance et de collaboration dans la relation client/fournisseur. Les risques sont levés très tôt.

Si le client a priorisé avec soin son besoin, il peut saisir l'opportunité d'accélérer le « *time to market* » s'il estime que le produit en l'état peut aller en production. C'est ce qu'on appelle le « *Minimum Viable Product* ». Il économise ainsi son budget et récolte un premier retour sur investissement. Il a aussi la possibilité de changer en cours de route la priorité des fonctionnalités qui n'ont pas encore été développées afin de retarder une fonctionnalité dont le besoin n'est pas mûr ou d'ajouter une nouvelle fonctionnalité cruciale en remplacement d'une autre. Cette souplesse ainsi offerte est donc un véritable atout.

2. Focus sur la méthode Scrum

Le nom **Scrum** vient du rugby et signifie mêlée, à prononcer « screum ». C'est la méthode agile la plus utilisée. Elle est donc la plus éprouvée, la plus documentée et supportée. Livres, blogs, formations, vidéos, associations, conférences traitant de la méthode Scrum ne manquent pas et bon nombre de ces ressources sont accessibles gratuitement. On pourrait pratiquement parler d'un standard agile. Un autre atout important : Scrum est simple à comprendre. Sa maîtrise est en revanche difficile.

La méthode SCRUM

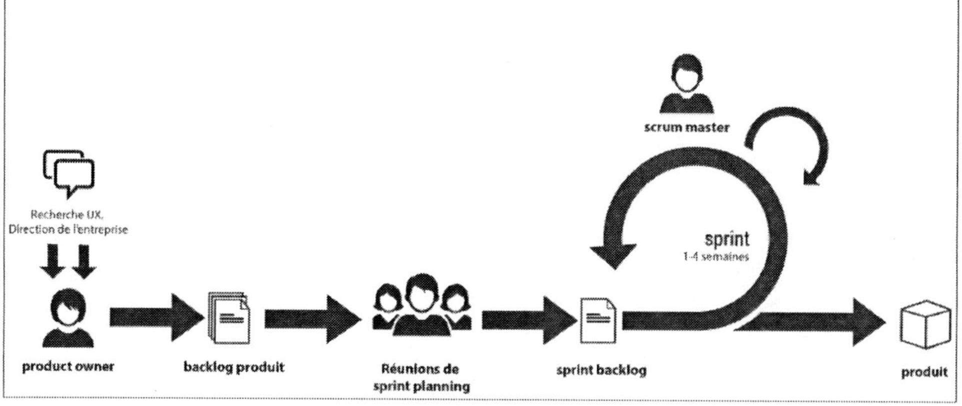

<u>Les rôles</u>

La méthode Scrum définit trois rôles distincts : Product Owner, Scrum Master et équipe opérationnelle. Chacun des acteurs s'occupe uniquement de son domaine d'actions sans empiéter sur celui des autres. L'établissement de cette relation de confiance permet de fédérer tout un chacun vers l'accomplissement d'un but unique et commun : l'aboutissement du projet qui est confié à l'équipe.

Le Product Owner est le représentant des clients et utilisateurs. C'est lui qui définit l'ordre dans lequel les fonctionnalités seront développées et qui prend les décisions importantes concernant l'orientation du produit.

Le Scrum Master est le garant de la méthodologie Scrum auprès de l'équipe fonctionnelle. Il est facilitateur, animateur, isolateur, autant de rôles qu'il doit tenir pour s'assurer que le travail progresse correctement.

L'équipe de développement est autogérée et ne repose sur aucune notion de hiérarchie interne : toutes les décisions sont prises ensemble et personne ne donne d'ordre à l'équipe sur sa façon de procéder.

La backlog produit

La **backlog produit** est une liste énumérant les fonctionnalités prioritaires, contenant des descriptions courtes de chaque fonctionnalité désirée pour le produit. En appliquant la méthode Scrum, il n'est pas nécessaire de lancer un projet avec une liste de spécifications ultra-détaillée. Typiquement, une équipe Scrum et son Product Owner commencent par noter tout ce qu'ils souhaitent intégrer en priorisant chacune des fonctionnalités. Cette backlog produit est presque toujours suffisante pour un premier lot de développement (sprint). La backlog produit sert à piloter l'équipe de développement et peut être modifiée en cours de route. Le changement est non seulement autorisé mais aussi recommandé afin de pouvoir éliminer les idées de départ qui s'avéreront mauvaises et de prendre en compte les nouvelles idées qui arriveront en cours de route. Une backlog produit typique inclut :

- les fonctionnalités à développer,
- les bugs à corriger,
- les aspects techniques à prendre en compte,
- les améliorations à apporter.

Cette activité de construction de la backlog produit est collaborative : elle implique le Product Owner et l'équipe de développement.

Le sprint backlog

Vous pouvez commencer par déterminer ensemble (équipe de développement et Product Owner) la durée des itérations ou sprints (4 semaines maximum). Cette durée devra être la même pour l'ensemble des sprints afin de maintenir un rythme régulier propice aux automatismes et de pouvoir construire des indicateurs de pilotage fiables. Un projet démarre généralement par ce qui s'appelle souvent le « sprint 0 » dédié aux travaux préparatoires du projet (exemple : construction de la backlog produit et de la vision du produit, préparation des environnements, mise en place de l'intégration continue, définition de l'architecture globale du projet, initiation des acteurs à Scrum, etc.).

Le **sprint backlog** est une liste des tâches identifiées par l'équipe Scrum : elle doit être achevée au cours du sprint Scrum. Lors de la réunion de planification du sprint, l'équipe sélectionne un certain nombre d'éléments-produits du carnet de commandes, généralement sous la forme de témoignages d'utilisateurs, et identifie les tâches nécessaires pour compléter chaque user story :

En tant que <rôle>

Je veux <liste de tâches>

Afin de <valeur ajoutée ou résultat>

Exemple : En tant que visiteur du site je peux créer un compte.

La plupart des équipes estime également le temps que chaque tâche demandera à chaque membre de l'équipe pour être achevée.

Le sprint backlog est généralement intégré dans une feuille de calcul, mais il est également possible d'utiliser votre système de suivi des bugs ou tout autre logiciel conçu spécifiquement pour Scrum ou Agile. Un exemple d'une backlog de sprint dans une feuille de calcul ressemble à ceci :

User Story	Tâches	Jour 1	Jour 2	Jour 3	Jour 4	Jour 5	...
En tant que membre, je peux voir les profils des autres membres	Développer le...	8	4	8	6	0	
	Réaliser les wireframes	16	12	10	16	4	
	User interface	8	16	16	8	11	
	Automatisation des tests	12	6	0	12	0	
En tant que membre, je peux mettre à jour mes données de paiement	Développer le...	4	8	6	4	0	
	Réaliser les wireframes	12	10	4	0	4	
	User interface	16	16	8	0	11	
	Automatisation des tests	6	0	12	4	0	

Pendant le sprint Scrum, les membres de l'équipe doivent mettre à jour le sprint backlog avec les nouvelles informations disponibles et au minimum une fois par jour. Beaucoup d'équipes le feront au cours du sprint quotidien. Une fois par jour, le travail restant est estimé et le sprint est calculé et représenté par le Scrum Master dans un graphique appelé Burndown Chart à l'image de l'exemple ci-dessous :

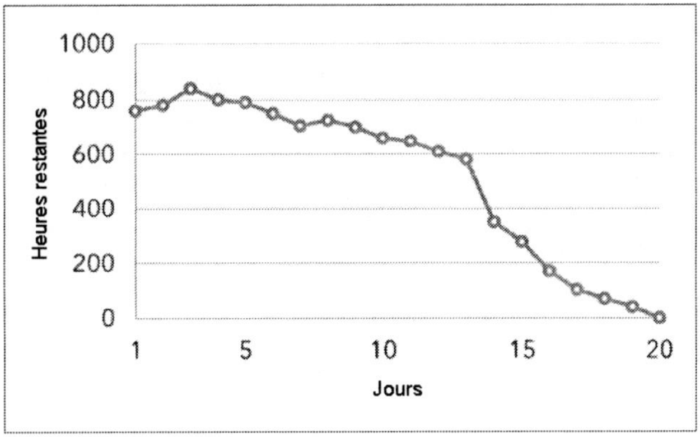

L'équipe fait de son mieux pour intégrer correctement la bonne charge dans le sprint Scrum, mais parfois le travail est soit trop conséquent, soit pas assez. Dans ce cas, l'équipe a besoin d'ajouter ou de supprimer des tâches.

Dans l'exemple du graphique de sprint ci-avant, l'équipe avait initialement trop chargé le sprint backlog et avait encore près de 600 heures pour aller du jour 13 au jour 20 du sprint. Le Product Owner a été consulté et a décidé de supprimer certains éléments du sprint. Cette décision a entraîné la forte baisse sur le graphique entre les jours 13 et 14. À partir de là, l'équipe a fait des progrès constants et a terminé le sprint avec succès.

Les méthodes agile et plus généralement la méthode Scrum sont des méthodes qui favorisent la proximité et l'engagement. Idéalement et pour être efficace, une équipe de développement Scrum ne devrait pas dépasser neuf membres sans compter le Scrum Master et le Product Owner. Si votre projet nécessite plusieurs équipes de développement, évitez dans la mesure du possible de constituer des équipes par composant ou technologie (exemple : une équipe qui développe l'interface et une autre qui s'occupe des webservices et de l'accès à la base de données).

Constituez des équipes pluridisciplinaires capables de développer intégralement un produit, c'est ce que l'on nomme les **Features Teams**, des équipes ayant toutes les compétences en interne pour réaliser un besoin fonctionnel de bout en bout.

De cette façon, chaque équipe peut avancer de façon autonome sans dépendre étroitement d'une autre, la coordination est plus simple. Chacune est spécialisée sur un ou des domaines fonctionnels plutôt que sur les questions technologiques. L'intégration du code de l'ensemble des équipes sera également plus facile.

En 2015, VSC Technologies, la filière IT de Voyages-sncf.com a mis en place 12 Features Teams permettant au projet de se lancer trois fois plus vite.

C. La mesure de l'expérience utilisateur

Construire une expérience utilisateur et y consacrer beaucoup d'efforts nécessite d'en mesurer précisément les impacts. Cela vous permettra d'une part de justifier la démarche et les investissements consacrés, d'évangéliser en interne et surtout d'apporter une analyse critique des résultats pour définir un plan d'action. Pour cela il existe des indicateurs globaux de la satisfaction client à intégrer dans un tableau de bord de l'expérience utilisateur : le **HEART Framework**.

1. Les indicateurs de la satisfaction client

La satisfaction client est depuis longtemps analysée par les équipes marketing, et elle est devenue une notion fondamentale, à l'origine de nombreuses études et modélisations. Il existe différents indicateurs de la satisfaction client dont voici les principaux :

<u>Le CSAT - Customer Satisfaction Score</u>

C'est un indicateur extrêmement utilisé par les entreprises notamment sur les sites ou applications mobiles ; la question est basique « Avez-vous été satisfait ? », elle est devenue incontournable dans tous les secteurs. Posée juste après l'expérience client, la réponse est bien souvent « oui » ou « non ». On peut également demander au client d'attribuer une note, un nombre d'étoiles ou de choisir entre différents critères de satisfaction.

Cet indicateur a pour but de mesurer la satisfaction client après un service reçu. Le CSAT est exprimé en pourcentage entre 0 et 100, 100 % correspondant à la satisfaction complète du client.

Aujourd'hui, de nombreuses entreprises telles que la SNCF, Décathlon ou les Aéroports de Paris utilisent une « borne smiley » qui sert à mesurer la satisfaction client avec des smileys expressifs pour les inviter à donner leur sentiment sur le service ou le produit.

Si vous voulez aller plus loin dans votre analyse et ne pas vous arrêter à la simple question « Avez-vous été satisfait ? », vous pouvez proposer au consommateur de s'exprimer à travers une question ouverte qui vous permettra d'identifier des facteurs clés et de déterminer quels sont les points précis d'insatisfaction du client.

Le NPS - Le Net PromoterScoreSM

Le **Net PromoterScoreSM** (NPS®) est un outil simple mais puissant pour mesurer la satisfaction client à travers une question unique. Il renseigne ainsi la propension d'un client à recommander votre société, vos produits ou services.

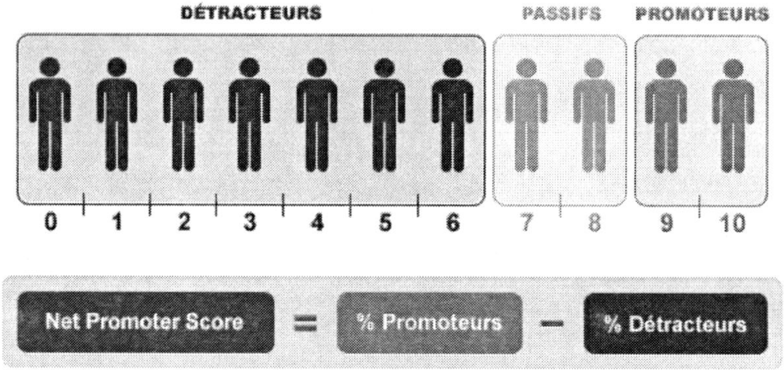

Illustration du Net Promoter Score

Le calcul est simple ; concrètement, on pose au répondant la question suivante : « Recommanderiez-vous cette marque ou ce produit à un ami ou collègue ? ». Les réponses sont données sur une échelle de notation de 11 points, allant de 0 (ne recommanderait absolument pas) à 10 (recommanderait très certainement). Les promoteurs sont des clients accordant une valeur entre 9 et 10. Si un client choisit une valeur entre 0 et 6, il est considéré comme un détracteur. Ceux donnant une note de 7 ou 8 sont considérés comme « passivement satisfaits » et ne sont pas pris en compte dans le calcul du NPS.

Le NPS est utilisé aujourd'hui par de nombreuses grandes entreprises comme instrument pour mesurer la satisfaction client. C'est un nombre unique qui est clair et facile à comprendre pour tous les employés et utile aux gestionnaires pour diriger l'entreprise. Certaines sources considèrent également le NPS comme une bonne indication du potentiel de croissance et de la fidélité client pour une entreprise ou un produit.

Le CES - Customer Effort Score

Le **Customer Effort Score** invite à une approche très différente. Les études réalisées par ses auteurs suggèrent que la fidélité des clients (plus précisément leur intention de fidélité) est davantage liée au faible niveau d'effort qu'ils déploient pour obtenir satisfaction auprès d'une entreprise qu'au niveau de recommandation (mesuré par le NPS).

Le calcul est aussi simple à appréhender. On pose à l'utilisateur une question sur le niveau d'effort déployé pour réaliser une action, pour cela il doit donner une note allant de 1 à 7, 1 signifiant "un niveau d'effort très faible", 7 signifiant "un niveau d'effort très élevé", les notes intermédiaires vous permettent de nuancer votre jugement.

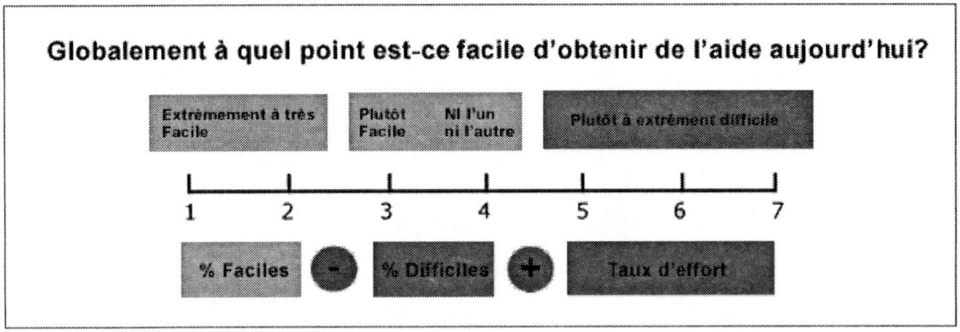

L'intérêt principal de cette approche est de proposer une mesure plus réaliste de la qualité de la relation client. En évaluant uniquement l'effort qu'il doit réaliser, l'utilisateur n'est pas conduit à se prononcer sur les interlocuteurs auxquels il a eu affaire. Les dimensions émotionnelles sont donc mises de côté dans ce questionnement, pour favoriser une perception plus fonctionnelle et plus objective, cet indicateur est davantage corrélé à la fidélité que ne l'est la satisfaction globale ou le NPS.

Le CES offre un apport intéressant dans la mesure de la gestion de la relation client grâce à une évaluation plus objective de la qualité délivrée. En revanche cet indicateur de qualité est trop réducteur sur la mesure de la relation client et son pouvoir de prédiction de la fidelité n'est pas toujours démontré.

Après le NPS, le CES est devenu le nouveau réflexe des cabinets de conseil en stratégie, mais encore une fois, un KPI isolé ne permet en rien de connaître l'état réel de la relation client et ne peut se substituer à un travail de fond.

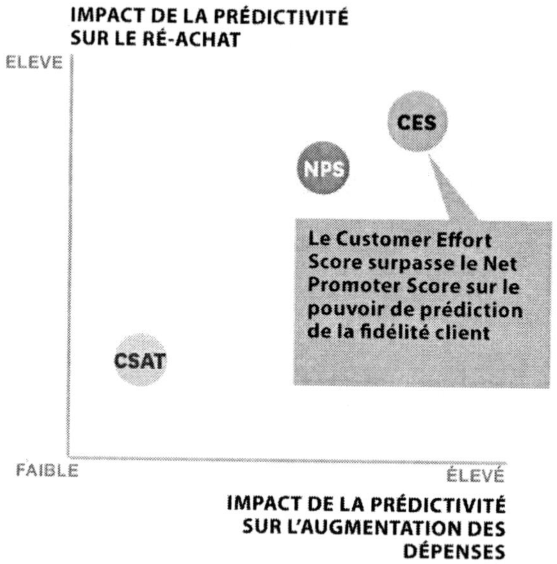

2. Les indicateurs de l'expérience utilisateur

Outre les indicateurs de la satisfaction client il existe désormais des indicateurs pour mesurer l'expérience utilisateur de façon globale.

Le HEART Framework

Le **HEART Framework** est un cadre unique créé par Google pour vous aider à mesurer la qualité de l'expérience utilisateur. Vous pouvez l'utiliser pour une fonctionnalité spécifique ou pour l'ensemble de votre projet mobile. Le HEART Framework est composé de cinq indicateurs clés qui caractérisent votre expérience utilisateur :

- **Happiness** : mesure des attitudes des utilisateurs, souvent recueillies par enquête. Par exemple : la satisfaction, la perception d'utilisation, le Net PromoterScore.
- **Engagement** : mesure le niveau d'implication des utilisateurs. Par exemple : nombre de téléchargements par utilisateur et par semaine, nombre de connexions par utilisateur et par jour, nombre de partages sur les réseaux sociaux.
- **Adoption** : mesure le gain de nouveaux utilisateurs d'un produit ou d'une fonctionnalité. Par exemple : les mises à jour de la dernière version, les nouveaux comptes créés, les achats effectués par les nouveaux utilisateurs.
- **Rétention** : mesure le taux calculant le nombre de visiteurs récurrents. Par exemple : le nombre d'utilisateurs actifs restant au fil du temps, le taux de renouvellement, les achats répétés.

- **TaskSuccess** : mesure l'efficience, l'efficacité et le taux d'erreur. Par exemple : le succès du résultat de recherche, le temps pour télécharger une photo, la création avec succès d'un profil complet.

Voici un exemple complété de Heart Framework. Il vous faudra fixer vos propres objectifs en fonction de votre solution mobile, en définir les signaux et les mesures clés. Ces indicateurs de performance doivent être soigneusement choisis pour être efficaces.

THE HEART FRAMEWORK

	Objectifs	Signaux	Mesures
Happiness	Les utilisateurs trouvent l'application pratique	Une note de satisfaction issue d'un questionnaire	- Customer Satisfaction Score - Net Promoter Score
Engagement	Les utilisateurs utilisent fréquemment l'application	Fréquence et temps passé sur l'application	- Nombre de connexions - Temps passé par visite - Nombre d'éléments consultés
Adoption	Les utilisateurs ont une interaction avec l'application	Le nombre de connexions à leur compte personnel	- Mise à jour de la dernière version - Création de compte - Nombre d'achats
Retention	Les utilisateurs ont une forte récurrence avec l'application	Le nombre d'utilisateurs récurrents	- Nombre d'utilisateurs actifs - Taux de rétention - Récurrence d'achat
Task Success	Les utilisateurs accomplissent des actions	Le nombre d'actions accomplies	- Profils client complétés - Commandes finalisées - Notations données

designed with love by DIGITAL TELEPATHY

Trop d'information tue l'information, la multiplication des indicateurs clés sera contre-productive, définissez-en trois par objectif. C'est ce choix pertinent qui vous permettra de mesurer efficacement votre expérience utilisateur mobile. Construire et suivre ce tableau de bord personnalisé, en retraçant l'évolution des indicateurs et les actions qui en résultent, vous permettra de bénéficier d'une lecture synthétique et efficace de votre HEART Framework.

La mise à jour fréquente de ce tableau de bord, si possible en temps réel, vous aidera à adopter les actions correctrices nécessaires dans un objectif d'optimisation continue. L'expérience ayant un impact sur l'ensemble de la chaîne de valeur de l'entreprise, vous devez partager ce tableau de bord régulièrement aux différents niveaux de l'entreprise, y compris avec les opérationnels qui sont au contact permanent de vos clients.

Le top management pourra également avoir un tableau de bord plus synthétique avec des objectifs plus globaux, le but étant de leur permettre de suivre les indicateurs clés pour prendre des décisions en fonction de leur périmètre.

La part des utilisateurs de smartphones est en pleine explosion, la 4G se démocratise, le Wi-Fi nous suit partout et l'avènement des technologies mobiles avec les objets connectés se confirme de jour en jour. Nous arrivons donc à une ère où il est de plus en plus confortable d'utiliser son mobile, notamment pour le m-commerce, de formidables opportunités s'offrent donc aux entreprises à l'image du lien entre boutique en ligne et boutique physique. Mais encore peu d'entreprises exploitent ces formidables leviers. Si les entreprises optimisaient l'expérience utilisateur mobile, notre façon de consommer serait radicalement différente.

Pour preuve, les GAFA (Google, Apple, Facebook, Amazon) et maintenant les NATU qui réunissent les quatre grandes entreprises emblématiques de la « disruption » numérique : Netflix, Airbnb, Tesla et Uber. Pour eux, la question de l'expérience utilisateur apparaît comme une évidence et il n'existe pas de besoin d'évangélisation, elle est intégrée à leur modèle et à leur culture et c'est ce qui a fait leur succès durant ces dernières années.

Si imaginer des solutions mobiles est finalement aisée, leur mise en œuvre est parfois difficile. En effet, les entreprises, leurs processus et systèmes d'information n'ont pas été conçus pour le mobile. Les technologies employées sont trop rigides, les processus trop linéaires et l'organisation trop cloisonnée. L'attente des clients en situation de mobilité perturbe massivement ces façons bien intentionnées mais figées de faire des affaires.

Outre la mise en place d'un processus UX, toutes les personnes impliquées doivent développer un esprit mobile, être toujours en éveil sur les possibilités de concevoir de l'engagement mobile dans un contexte approprié. Elles doivent ensuite évaluer les résultats et apporter les modifications nécessaires pour que les itérations suivantes aient beaucoup plus d'impact. Comme l'a dit Julie Ask, Consultante « *Le changement de mentalité mobile va bousculer notre monde. C'est inévitable. La seule question est de savoir si vous ou quelqu'un d'autre le fera en premier.* »

J'espère que ce livre aura pu vous aider à comprendre et à mieux appréhender l'univers mobile pour concevoir des solutions qui répondent vraiment aux attentes des utilisateurs, que désormais l'urgence mobile s'impose à vous. Un dernier conseil avant de nous quitter : les plus belles réussites du mobile aujourd'hui sont issues de petites expériences améliorées progressivement, n'ayez pas peur de commencer très simplement en ne conservant que l'essence de votre proposition de valeur, le reste viendra naturellement.

A

C

D

E

I

M

P

R

S

T

U

W